Charles Baudelaire

# *Die künstlichen Paradiese*

DIE DICHTUNG VOM HASCHISCH

Aus dem Französischen übertragen

von Hannelise Hinderberger

MANESSE VERLAG

ZÜRICH

# INHALTSVERZEICHNIS

*Die Dichtung vom Haschisch* 11

I. Die Neigung zum Unendlichen 11

II. Was ist Haschisch? 17

III. Das «Théâtre de Séraphin» 23

IV. Der Gott-Mensch 55

V. Moral 75

FÜR J. G. F.

Meine liebe Freundin,

der gesunde Menschenverstand sagt uns, daß die Dinge dieser Welt nur wenig existent sind und daß die wahre Wirklichkeit in Träumen lebt. Um sowohl das natürliche wie auch das künstliche Glück zu verdauen, muß man zuvor den Mut haben, es hinunterzuschlucken. Doch die, welche das Glück vielleicht verdienen würden, sind genau jene, auf welche Glückseligkeit, wie sie die Sterblichen auffassen, immer die Wirkung eines Brechmittels ausgeübt hat.

Albernen Geistern muß es sonderbar, ja sogar unverschämt erscheinen, wenn eine Schilderung künstlicher Wollust einer Frau, dieser gewöhnlichsten Quelle aller natürlichen Wollust, gewidmet ist. Immerhin ist eines klar: So wie die natürliche Welt die geistige durchdringt, ihr als Nahrung dient und somit dazu beiträgt, die undefinierbare Mischung hervorzubringen, die wir unsere Individualität nennen, so ist die Frau das Wesen, das den größten Schatten oder das größte Licht in unsere Träume wirft. Die Frau stachelt verhängnisvollerweise die

Sinnenlust an. Sie lebt aus einem andern, nicht aus ihrem eigenen Leben heraus. Sie lebt geistig in der Einbildungskraft, die ihr vertraut ist und die sie befruchtet.

Übrigens ist es recht unwichtig, ob der Grund, der zu dieser Widmung geführt hat, begriffen wird. Ist es denn überhaupt zur Freude des Autors notwendig, daß irgendein Buch verstanden werde, ausgenommen von demjenigen oder derjenigen, für die es geschrieben wurde? Ja, um alles zu sagen: Ist es unerläßlich, daß es für *jemanden* geschrieben wurde? Ich selbst habe so wenig Sinn für die lebendige Welt, daß ich – wie jene sensiblen und müßigen Frauen, die, wie man sagt, ihre vertraulichen Mitteilungen mit der Post an imaginäre Freunde schicken – gerne nur für die Toten schreiben würde.

Aber es ist keine Tote, der ich dieses kleine Buch widme. Ich widme es einer, die, obwohl sie krank ist, doch immer tätig und lebendig in mir lebt und die jetzt stets ihre Blicke zum Himmel, diesem Ort aller Verwandlungen, emporhebt. Denn das menschliche Wesen erfreut sich des Vorrechts, sich nicht nur aus einer fürchterlichen Droge, sondern sogar aus dem Schmerz, der Katastrophe und dem Verhängnis neue und subtile Genüsse verschaffen zu können.

Du wirst in diesem Bild einen düsteren und einsamen Wanderer sehen, der in die bewegte Woge der Menge eintaucht und sein Herz und seine Gedanken einer fernen Elektra sendet, die einstmals seine schweißbedeckte Stirn abwischte und *seine vom Fieber pergamentenen Lippen erfrischte.* Dann wirst du die Dankbarkeit eines zweiten Orest erahnen, über dessen Alpträume du oft wachtest und dessen entsetzlichen Schlaf du mit leichter und mütterlicher Hand verscheuchtest.

# *Die Dichtung vom Haschisch*

## I. DIE NEIGUNG ZUM UNENDLICHEN

Diejenigen, die sich selbst beobachten und die Erinnerung an ihre Eindrücke bewahren; die, wie Hoffmann, ihr geistiges Barometer zu konstruieren verstanden, konnten manchmal in der Beobachtungsstätte ihrer Gedanken schöne Jahreszeiten, glückliche Tage und köstliche Minuten aufzeichnen. Es gibt Tage, da der Mensch mit jungem und kräftigem Geist erwacht. Kaum hat er seine Lider vom Schlaf befreit, der sie versiegelt hielt, bietet sich ihm die Welt in mächtigem Glanz, in zusammengefaßter Klarheit und einem Reichtum bewundernswerter Farben dar. Und auch die geistige Welt öffnet ihre weiten Perspektiven voll neuer Helligkeit. Der Mensch, der mit dieser unglücklicherweise seltenen und vergänglichen Glückseligkeit beschenkt wird, empfindet sich gleichzeitig künstlerisch veranlagter und gerechter oder – um es in einem Wort zu sagen – edler. Aber das Sonderbarste an diesem außergewöhnlichen Zustand des Geistes und der Sinne, den ich ohne Übertreibung paradiesisch nennen kann, wenn ich ihn mit den lastenden Finsternissen des gewöhnlichen und alltäglichen Daseins vergleiche, liegt darin, daß er ohne offensichtliche und leicht bestimmbare Ursache entstanden ist. Ist er das Ergebnis einer guten Hygiene und einer klugen Lebensweise? Das ist die erste Erklärung, die sich dem Geist darbietet. Doch sind wir gezwungen anzuerkennen, daß sich dieses Wunder, diese ungewöhnliche Erscheinung oft ereignet. Es ist, als ob sie durch eine höhere und unsichtbare, außerhalb des Menschen tätige Macht nach einer Zeitspanne bewirkt würde, da dieser seine körperlichen Fähigkeiten mißbraucht hat. Sollen wir sagen, sie sei die Belohnung für andauerndes Gebet und geistigen Eifer? Es ist unbestritten, daß ein lange währender Wunsch, eine Anspannung geistiger Kräfte in Richtung des Himmels, die geeignetste Lebensweise wäre, jene moralische Gesundheit zu schaffen, die so leuchtend und ruhmreich ist. Allein – auf Grund welch absurden Gesetzes manifestiert sie sich manchmal nach strafbaren Orgien der Einbildungskraft, nach einem sophistischen Mißbrauch der Vernunft, der für ehrliche und vernünftige Gewohnheiten das ist, was verrenkende Bewegungen für die gesunde Gymnastik sind? Daher ziehe ich es vor, diesen anomalen Geisteszustand als eine wahre *Gnade* zu betrachten, als einen magischen Spiegel, in dem der Mensch sich schön erblicken soll, das heißt so, wie er sein müßte und könnte. Als eine Art engelhafter Anregung, einen Aufruf zur Ordnung in schmeichlerischer Form. So betrachtet auch eine gewisse spiritualistische Schule, deren Vertreter in England und Amerika leben, die übernatürlichen Phänomene, wie Erscheinungen von Phantomen, Gespenstern usw., als Kundgebungen des göttlichen Willens, der darauf bedacht ist, im Menschengeist die Erinnerung an unsichtbare Wirklichkeiten wachzurufen.

Übrigens gehen diesem bezaubernden und eigentümlichen Zustand – bei dem alle Kräfte sich die Waage halten, bei dem die Einbildungskraft, obwohl wunderbar mächtig, den moralischen Sinn nicht in gefährliche Abenteuer hinter sich herreißt, bei dem eine köstliche Sensibilität nicht mehr von kranken Nerven, diesen gewöhnlichen Ratgebern des Verbrechens und der Verzweiflung, gefoltert wird – keine Symptome voraus. Er taucht ebenso unvorhergesehen auf wie ein Phantom. Es ist dies eine Art Heimsuchung, aber eine intermittierende Heimsuchung, der wir, wenn wir weise wären, die Gewißheit eines besseren Daseins und der Hoffnung entnehmen könnten, durch tägliche Willensübungen dorthin zu gelangen. Solche Gedankenschärfe, solche Begeisterung der Sinne und des Geistes mußten dem Menschen zu allen Zeiten als das höchste Gut erscheinen. Deshalb hat er – nur die unverzügliche Wollust vor Augen und ohne sich darum zu kümmern, ob er die Gesetze seiner Beschaffenheit übertrat – in den exakten Wissenschaften, in der Pharmazeutik, in den stärksten Getränken, in den zartesten Wohlgerüchen, in allen Ländern und zu allen Zeiten nach Mitteln gesucht, seiner schmutzigen Hütte, und wäre es auch nur für ein paar Stunden, zu entfliehen oder, wie es der Autor des *Lazare* ausdrückt: «das Paradies mit einem Schlag an sich zu reißen». Ach, die Laster des Menschen, wie grauenvoll man sie sich auch vorstellt, sie enthalten doch (und wäre es auch nur dank ihrer unendlichen Verbreitung!) den Beweis für seine Neigung zum Unendlichen. Nur ist es eine Neigung, die ihren Weg oft verliert. Man könnte das gewöhnliche Sprichwort *Alle Wege führen nach Rom* in bildlichem Sinn auffassen und es auf die sittliche Welt anwenden. Alles führt zur Belohnung oder zur Strafe, diesen beiden Formen der Ewigkeit. Der menschliche Geist überbordet von Leidenschaften. Er hat – um mich eines weiteren trivialen Ausspruchs zu bedienen – so viel davon, daß er sie *verkaufen könnte*. Aber dieser unglückliche Geist, dessen natürliche Verderbtheit ebenso groß ist wie seine unerwartete, fast paradoxe Veranlagung zur Mildtätigkeit und zu den schwierigsten Tugenden, ist reich an Paradoxen, die es ihm erlauben, die Fülle seiner überströmenden Leidenschaften in bösem Sinne zu gebrauchen. Er glaubt sich nie in Bausch und Bogen zu verkaufen. Er vergißt in seiner törichten Eingenommenheit, daß er sich an einem Schlauern und Stärkern vergreift und daß der Geist des Bösen, auch wenn man ihm nur ein Haar ausliefert, nicht zögert, sich des ganzen Kopfes zu bemächtigen. Dieser sichtbare Herr über die sichtbare Natur (ich spreche vom Menschen) wollte sich also durch die Kunst des Apothekers und mittels gegorener Getränke das Paradies verschaffen und glich dabei einem Wahnsinnigen, der solide Möbel und wirkliche Gärten durch auf Leinwand gemalte und in Rahmen gespannte Bilder ersetzte. In dieser Verdorbenheit des Sinns für die Unendlichkeit liegt, meiner Meinung nach, der Grund für all die strafbaren Ausschweifungen, von dem einsamen und konzentrierten Rausch des Literaten, der gezwungen war, im Opium Erleichterung für einen körperlichen Schmerz zu suchen, und so eine Quelle krankhaften Genusses entdeckte, worauf er nach und nach seine einzige Hygiene und so etwas wie die Sonne seines geistigen Lebens daraus machte, bis zu den abstoßendsten Trunkenbolden in den Vorstädten, die sich – das Hirn voller Flammen und Ruhm – auf lächerliche Weise im Straßenkot wälzen.

Unter den Drogen, die am geeignetsten dazu sind, einem das zu verschaffen, was ich *das künstliche Ideal* nenne – wobei ich die Getränke beiseite lasse, die rasch zu körperlicher Sucht führen und die geistigen Kräfte zugrunde richten, sowie die Parfüms, deren übermäßiger Gebrauch die physischen Kräfte nach und nach erschöpft, während sie gleichzeitig die Einbildungskraft des Menschen verfeinern –, sind die beiden kräftigsten Substanzen, die am bequemsten und am leichtesten anzuwenden sind, das Haschisch und das Opium. Die Analyse der geheimnisvollen

Wirkungen und der krankhaften Genüsse, welche diese Drogen verursachen können, der unvermeidlichen Strafen, die auf ihren langdauernden Gebrauch folgen, und schließlich sogar der Sittenlosigkeit, die in der Verfolgung eines trügerischen Ideals inbegriffen ist, bildet das Thema dieser Studie.

Die Arbeit über das Opium wurde schon geschrieben, und zwar in einer so glänzenden, gleichzeitig medizinischen und poetischen Art, daß ich es nicht wage, ihr etwas hinzuzufügen. Ich werde mich daher damit begnügen, in einer andern Studie die Analyse dieses unvergleichlichen Buches zu vermitteln, das in Frankreich noch nie als Ganzes übersetzt wurde. Der Autor, ein berühmter Mann von gewaltiger und auserlesener Einbildungskraft, der heute zurückgezogen und still lebt, hat es gewagt, uns mit tragischer Treuherzigkeit von den Genüssen und Qualen zu berichten, die er früher beim Opiumessen empfand. Der dramatischste Teil seines Buches ist der, in welchem er von den übermenschlichen Willensanstrengungen spricht, die er – um der Verdammnis zu entrinnen, der er sich unklugerweise geweiht hatte – entfalten mußte.

Heute will ich nur vom Haschisch sprechen. Ich werde dabei zahlreichen und eingehenden Hinweisen folgen, die ich den Aufzeichnungen oder vertraulichen Mitteilungen intelligenter Männer entnahm, die sich lange Zeit dem Haschischgenuß hingegeben hatten. Nur werde ich diese verschiedenen Dokumente zu einer Art Monographie verschmelzen und eine Person wählen, die übrigens leicht zu deuten und zu bestimmen und als Typus für Erfahrungen dieser Art geeignet ist.

## II. WAS IST HASCHISCH?

Die Berichte des Marco Polo, über den man sich, wie auch über andere Reisende, zu Unrecht lustig gemacht hat, wurden durch Gelehrte geprüft und verdienen es, daß wir ihnen Glauben schenken. Ich will ihm nicht nacherzählen, wie der Alte vom Berge diejenigen seiner jüngsten Anhänger, denen er eine Idee vom Paradies vermitteln wollte, zunächst mit Haschisch berauschte (daher stammt das Wort Haschischins oder Assassins, Mörder) und sie dann in einem wonnevollen Garten einschloß – sozusagen als Belohnung für einen passiven und unüberlegten Gehorsam. Der Leser kann über die geheime Gesellschaft der Haschischins das Buch von Monsieur de Hammer sowie die Memoiren des Monsieur Silvestre de Sacy konsultieren, die im 16. Band der *Mémoires de l'Acadēmie des Inscriptions et Belles-Lettres* enthalten sind, und über die Etymologie des Wortes *assassin* den Brief an den *Moniteur*-Redakteur, der in Nummer 359 des Jahres 1809 zu finden ist. Herodot erzählt, die Skythen hätten Hanfkörner aufgehäuft und rotglühend gemachte Steine darauf geworfen.

Das sei für sie so etwas wie ein Dampfbad gewesen, das wohlriechender war als das in irgendeiner griechischen Schwitzstube, und der Genuß sei so lebhaft gewesen, daß er ihnen Freudenschreie entlockt hätte.

Das Haschisch stammt tatsächlich aus dem Orient. Die erregenden Eigenschaften des Hanfs waren im alten Ägypten wohlbekannt, und der Genuß desselben ist unter verschiedenen Namen in Indien, in Algier und im Glücklichen Arabien sehr verbreitet. Doch haben wir auch bei uns, unter unsern Augen, sonderbare Beispiele der Trunkenheit, die von pflanzlichen Ausdünstungen herrührt. Ohne von den Kindern zu reden, die, nachdem sie gespielt und sich in einem Haufen gemähter Luzerne gewälzt haben, oft sonderbare Schwindelanfälle erleben, weiß man auch, daß bei der Hanfernte männliche und weibliche Arbeiter ähnliche Wirkungen verspüren. Man könnte sagen, aus der Ernte steige ein Miasma auf, welches das Hirn auf boshafte Weise verwirrt. Der Kopf der Mäher ist voller Schwindel und manchmal mit Träumereien beladen. Zu gewissen Augenblicken werden die Gliedmaßen schwach und verweigern den Dienst. Wir haben auch von schlafwandlerischen Krisen gehört, die bei russischen Bauern ziemlich häufig auftreten und deren Ursache anscheinend dem Gebrauch von Hanföl bei der Zubereitung der Speisen zuzuschreiben ist. Wer kennt nicht die Narrheiten der Hühner, welche Hanfkörner gefressen haben, und die feurige Begeisterung der Pferde, welche die Bauern, bei Hochzeiten und Kirchweihfesten, mittels einer Ration Hanf, der oftmals mit Wein angefeuchtet wird, zu einem Kirchturmrennen vorbereiten?

Immerhin ist der französische Hanf nicht dazu geeignet, sich in Haschisch zu verwandeln, oder er ist wenigstens, nach wiederholten Versuchen, ungeeignet dazu, eine so kräftige Droge zu ergeben, wie Haschisch es ist. Das Haschisch oder der indische Hanf, *cannabis indica,* ist eine Pflanze aus der Familie der Urtikazeen und gleicht – ohne daß er dieselbe Höhe erreicht – in allem dem Hanf in unsern Breiten. Er besitzt erregende Eigenschaften, die sehr sonderbar sind und die seit einigen Jahren in Frankreich die Aufmerksamkeit der Gelehrten und der vornehmen Leute auf sich gezogen haben. Er wird, je nach seiner verschiedenartigen Herkunft, mehr oder weniger geschätzt. Derjenige aus Bengalen wird von den Liebhabern am meisten gewürdigt. Immerhin erfreut sich derjenige aus Ägypten, Konstantinopel, Persien und Algerien, wenn auch in vermindertem Maße, derselben Eigenschaften.

Das Haschisch (oder Kraut, das heißt das Kraut im wahrsten Sinne des Wortes, als ob die Araber mit dem Wort *Kraut* den Ursprung aller geistigen Wollust hätten definieren wollen) trägt, je nach seiner Zusammensetzung und der Zubereitungsart, die es im Land, wo es geerntet wurde, über sich ergehen lassen mußte, verschiedene Namen: In Indien heißt es *bangie,* in Afrika *teriaki,* in Algerien und im Glücklichen Arabien *madjound* usw. Es ist nicht gleichgültig, in welcher Jahreszeit man es pflückt. Wenn es in Blüte steht, besitzt es seine größte Wirkungskraft. Die obersten blühenden Teile der Pflanze sind folglich die einzigen, die bei den verschiedenartigen Zubereitungen, über die wir ein paar Worte sagen wollen, verwendet werden.

Den *fetten Extrakt* des Haschischs, wie ihn die Araber zubereiten, erhält man, indem man die obern Teile der frischen Pflanzen mit ein wenig Wasser in Butter kochen läßt. Nachdem alle Flüssigkeit verdampft ist, filtriert man den Rest durch ein Sieb und erhält so ein Präparat, das aussieht wie eine gelbgrüne Pomade, die den unangenehmen Geruch nach Haschisch und ranziger Butter bewahrt. In dieser Form verwendet man es in kleinen Kügelchen von zwei bis vier Gramm. Wegen des ekelerregenden Geruchs, der mit der Zeit noch zunimmt, verwandeln die Araber den fetten Extrakt jedoch in Konfitüre.

Die gebräuchlichste dieser Konfitüren, das *dawamesk,* ist eine Mischung des fetten Extrakts mit Zucker und verschiedenen wohlriechenden Substanzen wie Vanille, Zimt, Pistazien, Mandeln und Muskat. Manchmal fügt man sogar ein wenig spanische Fliege hinzu, und zwar zu einem Zweck, der mit den gewöhnlichen Ergebnissen des Haschischs nichts zu tun hat. In dieser neuen Form hat das Haschisch nichts Unangenehmes mehr, und man kann es in Dosen zu fünfzehn, zwanzig oder dreißig Gramm entweder in eine Oblate eingehüllt oder in einer Tasse Kaffee nehmen.

Die Versuche der Herren Smith, Gastinel und Decourtive wurden zu dem Zweck unternommen, das wirksame Prinzip des Haschischs zu entdecken. Trotz ihrer Anstrengungen ist jedoch seine chemische Zusammensetzung noch wenig bekannt. Im allgemeinen schreibt man seine Eigentümlichkeiten einem Harz zu, das in ziemlich großer Dosis, ungefähr im Verhältnis von zehn Prozent, darin enthalten ist. Um dieses Harz zu gewinnen, zerstößt man die getrocknete Pflanze zu grobem Pulver und wäscht dieses mehrere Male mit Alkohol, den man anschließend destilliert, um ihn teilweise zu konzentrieren. Man läßt ihn bis zur Konsistenz eines Extraktes verdampfen. Den Extrakt behandelt man mit Wasser, das die gummiartige sonderbare Materie auflöst, worauf das Harz in reinem Zustand zurückbleibt.

Dieses Produkt ist weich, von dunkelgrüner Farbe und besitzt in hohem Grade den charakteristischen Geruch des Haschischs. Fünf, zehn oder fünfzehn Zentigramme genügen, um erstaunliche Wirkungen zu erzielen. Doch das Haschischin, das sich in Form von Schokoladenplätzchen oder kleinen Ingwerpastillen verwenden läßt, hat, wie das *dawamesk* und der fette Extrakt, mehr oder weniger kräftige Wirkungen von sehr verschiedener Art, je nach dem

Temperament der einzelnen Individuen und ihrer nervlichen Empfindsamkeit. Ja, es kommt noch besser: Das Ergebnis variiert in ein und demselben Individuum. Bald löst es eine unbändige und unwiderstehliche Fröhlichkeit, bald eine Empfindung von Wohlbehagen und Lebensfülle, andere Male aber einen verdächtigen und von Träumen durchsetzten Schlaf aus. Immerhin gibt es Phänomene, die sich ziemlich regelmäßig wiederholen, vor allem bei Personen von ähnlichem Temperament und ebensolcher Erziehung. Diese Art Einheit in der Verschiedenheit erlaubt es mir, ohne allzuviel Mühe die Monographie des Rausches, von dem ich soeben gesprochen habe, niederzuschreiben.

In Konstantinopel, in Algerien und sogar in Frankreich rauchen einzelne Personen mit Tabak vermischtes Haschisch. Dann aber treten die fraglichen Phänomene nur in sehr gemäßigter und sozusagen träger Form auf. Ich habe sagen hören, kürzlich habe man mittels Destillation aus dem Haschisch ein ätherisches Öl ausgezogen, das sehr viel aktivere Kräfte zu besitzen scheint als alle bisher bekannten Präparate. Doch wurde es noch nicht genügend erforscht, als daß ich mit Sicherheit von den Ergebnissen sprechen könnte. Ist es nicht überflüssig, hinzuzufügen, daß Tee, Kaffee und Liköre mächtige Zusätze sind, die das Entstehen dieses geheimnisvollen Rausches mehr oder weniger beschleunigen?

Was empfindet man? Was sieht man? Wunderbare Dinge, nicht wahr? Außergewöhnliche Schauspiele? Ist es wirklich schön? Und wirklich schrecklich? Und wirklich gefährlich? – Dies sind die gewohnten Fragen, welche die Unerfahrenen mit einer gewissen, mit Furcht vermischten Neugier an die Eingeweihten richten. Man könnte sagen, es sei eine kindliche Ungeduld, etwas zu erfahren, wie sie beispielsweise bei Leuten, die ihre Ecke am Kamin nie verlassen haben, vorkommt, wenn sie sich einem Menschen gegenübersehen, der aus fernen und unbekannten Ländern zurückkehrt. Sie stellen sich den Haschischrausch wie ein wunderbares Land, ein unermeßliches Gaukler- und Taschenspielertheater vor, wo alles bewundernswürdig und unvorhergesehen ist. Dies ist ein Vorurteil, ein vollständiger Irrtum. Und da das Wort Haschisch für den großen Haufen der Leser und Fragenden die Vorstellung von einer fremden und wirren Welt und die Erwartung wunderbarer Träume zuläßt (man würde besser Halluzinationen sagen, welche übrigens weniger häufig sind, als man vermutet), werde ich sogleich auf den wichtigen Unterschied hinweisen, der die Wirkungen des Haschischs von den Phänomenen des Schlafs trennt. Im Schlaf, dieser allabendlichen, abenteuerlichen Reise, liegt etwas ausdrücklich Wunderbares. Er ist ein Wunder, dessen pünktliches Eintreffen alles Geheimnisvolle abgestumpft hat. Die Träume des Menschen sind von doppeltem Rang. Die einen sind erfüllt von seinem gewöhnlichen Leben, seinen Besorgnissen, seinen Wünschen und seinen Lastern und verbinden sich auf mehr oder weniger seltsame Weise mit den im Lauf des Tages wahrgenommenen Gegenständen, die sich auf der breiten Leinwand des Gedächtnisses zudringlich festgesetzt haben. Dies ist der natürliche Traum. Er ist der Mensch selber. Aber dann die andere Art des Traums! Der sinnlose, unvorhergesehene Traum, ohne Beziehung und Verbindung zum Charakter, zum Leben und den Leidenschaften des Schläfers! Dieser Traum, den ich hieroglyphisch nennen will, stellt augenscheinlich die übernatürliche Seite des Lebens dar. Und gerade weil er widersinnig ist, haben die Alten geglaubt, er sei göttlichen Ursprungs. Da der Traum aus natürlichen Gründen unerklärlich ist, haben die Alten ihm einen außerhalb des Menschen liegenden Grund beigemessen. Auch heute noch gibt es, ohne von den Traumdeutern zu sprechen, eine philosophische Schule, die in dieser Art Träume bald einen Vorwurf und bald einen Ratschlag sieht. Mit einem Wort, ein symbolisches und moralisches Bild, das im Geist des schlafenden Menschen entstanden ist. Dies ist ein Wörterbuch, das man studieren sollte, eine Sprache, zu der die Weisen den Schlüssel erlangen könnten.

Nichts von all dem im Haschischrausch. Wir treten aus dem natürlichen Traum nicht heraus. Der Rausch ist in seiner ganzen Dauer, dank der Intensität der Farben und der Schnelligkeit der Einfälle, in der Tat nur ein unendlicher Traum. Immer aber bewahrt er die spezielle Tonlage des Individuums. Der Mensch wollte träumen, nun wird der Traum den Menschen beherrschen. Aber dieser Traum wird wohl der Sohn seines Vaters sein. Der Müßiggänger hat sich den Kopf darüber zerbrochen, wie er das Übernatürliche künstlich in sein Leben und Denken einführen könnte. Aber er bleibt, nach allem und trotz der zufälligen Kraft seiner Eindrücke, doch nur derselbe, wenn auch übersteigerte Mensch, dieselbe zu höchster Potenz erhobene Zahl. Er ist unterjocht. Doch zu seinem Unglück ist er es nur durch sich selbst, das heißt durch den schon dominierenden Teil seiner selbst. *Er wollte den Engel spielen, und er ist ein Tier geworden,* ein augenblicklich sehr mächtiges Tier, wenn man eine übermäßige Sensibilität ohne beherrschende Gewalt, die sie mäßigen oder ausnutzen könnte, überhaupt Macht nennen kann.

Wären sich doch die vornehmen Leute und die Unerfahrenen, die neugierig darauf sind, außergewöhnliche Genüsse kennenzulernen, im klaren darüber, daß sie im Haschisch nichts Wunderbares finden werden, durchaus nichts als nur ihre übermäßig gesteigerte, natürliche Wesensart. Das Gehirn und der Organismus, auf die das Haschisch einwirkt, vermitteln nur gewöhnliche, individuelle, wenn auch in der Zahl und Energie gesteigerte Phänomene, die jedoch ihrem Ursprung immer entsprechen. Der Mensch entflieht dem Verhängnis seiner physischen und moralischen Veranlagung nicht. Das Haschisch wird die dem Menschen vertrauten Eindrükke und Gedanken in einem zwar vergrößernden, aber klaren Spiegel wiedergeben.

Da liegt die Droge vor euren Augen: ein wenig grüne Konfitüre, ein etwa nußgroßes Stück, wunderlich duftend, und zwar so stark, daß sie einen gewissen Widerwillen und Anwandlungen von Übelkeit aufkommen läßt, wie dies übrigens jeder auserlesene und selbst angenehme, zu seiner größten Stärke verdichtete Duft tun würde. Es sei mir nebenbei die Bemerkung erlaubt, daß diese Behauptung umgekehrt werden kann und daß selbst der widerlichste, der empörendste Duft möglicherweise zu einem Vergnügen werden könnte, wenn er auf ein Minimum an Menge und Verbreitung reduziert würde. – Hier liegt also das Glück! Es füllt nur einen Kaffeelöffel aus! Das Glück mit all seinen Trunkenheiten, all seinen Verrücktheiten, all seinen Kindereien! Ihr könnt die Droge ohne Furcht hinunterschlucken. Man stirbt nicht daran. Euer Organismus wird dadurch in keiner Weise beeinträchtigt. Später vielleicht, wenn ihr dem Zaubermittel zu häufig zusprecht, wird es eure Willensstärke vermindern, vielleicht werdet ihr dann weniger Mensch sein als jetzt. Aber die Bestrafung liegt in so weiter Ferne, und das künftige Mißgeschick ist von so schwer zu beschreibender Natur! Was setzt ihr aufs Spiel? Morgen werdet ihr ein wenig nervöse Müdigkeit verspüren. Riskiert ihr nicht jeden Tag härtere Strafen für geringere Belohnungen? Also, abgemacht! Ihr habt, um eurer Dosis mehr Kraft und Wirksamkeit zu verleihen, den fetten Extrakt in einer Tasse schwarzen Kaffees aufgelöst. Ihr habt für einen leeren Magen gesorgt und die Hauptmahlzeit auf neun oder zehn Uhr abends verlegt, damit das Gift uneingeschränkt wirken kann. Frühestens in einer Stunde werdet ihr eine leichte Suppe zu euch nehmen. Nun seid ihr für eine lange und sonderbare Reise genügend ausgerüstet. Der Dampf ist entwichen, die Segel sind gerichtet, und ihr habt vor den gewöhnlichen Reisenden den Vorteil voraus, nicht zu wissen, wohin ihr fahrt. Ihr habt es so gewollt! Es lebe das Verhängnis!

Ich nehme an, ihr habt den Augenblick für diese abenteuerliche Entdeckungsfahrt mit Vorsicht gewählt. Jede vollkommene Ausschweifung benötigt vollkommene Muße. Ihr wißt übrigens, daß Haschisch nicht nur die Übertreibung des Individuums, sondern auch der Verhältnisse und der Umwelt verursacht. Ihr habt keine Aufgaben zu erfüllen, welche Pünktlichkeit und Genauigkeit erfordern. Ihr habt keine Familiensorgen. Keinen Liebeskummer. Darauf muß man achten. Irgendein Kummer, eine Beunruhigung, eine Erinnerung an eine Pflicht, die zu einer bestimmten Minute euren Willen und eure

Aufmerksamkeit erforderten, dies alles würde wie eine Totenglocke durch euren Rausch tönen und euer Vergnügen vergiften. Beunruhigung würde zu Angst, Kummer zu Qual werden. Wenn alle diese vorläufigen Bedingungen berücksichtigt sind und das Wetter schön ist, wenn ihr euch in einer günstigen Umgebung, einer malerischen Landschaft oder einer poetisch ausstaffierten Wohnung aufhaltet, wenn ihr außerdem ein wenig Musik hören könnt, dann ist alles zum besten bestellt.

Im Haschischrausch kommen im allgemeinen drei leicht voneinander zu unterscheidende Phasen vor, und gerade die ersten Symptome der ersten Phase sind bei Neulingen recht seltsam anzusehen. Ihr habt von der wunderbaren Wirkung des Haschischs undeutlich reden gehört. Eure Einbildungskraft hat einen besonderen Gedanken, so etwas wie ein Ideal des Rausches, vorweggenommen. Es verlangt euch danach, zu wissen, ob die Wirklichkeit entschieden auf der Höhe eurer Hoffnungen sein wird. Das genügt, euch von Anfang an in einen Angstzustand zu versetzen, welcher für die erobernde und euch überfallende Laune des Giftes recht günstig ist. Die meisten Neulinge beklagen sich auf der ersten Stufe der Einweihung über die Langsamkeit der Wirkungen. Sie erwarten sie mit einer kindischen Ungeduld, und da die Droge ihrer Meinung nach nicht schnell genug wirkt, prahlen sie mit ihrer Ungläubigkeit, was für die alten Eingeweihten, die wissen, wie

Haschisch sich verhält, recht vergnüglich ist. Die ersten Anwandlungen tauchen wie die Anzeichen eines lange zögernden Gewitters auf und vervielfachen sich mitten in dieser Ungläubigkeit. Zunächst ist da eine gewisse abgeschmackte und unwiderstehliche Heiterkeit, die sich eurer bemächtigt. Die unmotivierten Anfälle von Fröhlichkeit, deren ihr euch beinah schämt, wiederholen sich immer häufiger und unterbrechen Augenblicke voller Bestürzung, in denen ihr euch umsonst aufzufangen sucht. Die einfachsten Worte, die einfältigsten Gedanken erhalten ein neues und sonderbares Gepräge. Ihr wundert euch sogar darüber, daß ihr sie bis dahin so einfach gefunden habt. Ungehörige Anspielungen und Vergleiche, die unmöglich vorauszusehen waren, endlose Wortspiele, schwache Versuche zur Komik sprudeln ununterbrochen aus eurem Gehirn hervor. Der Dämon hat euch überfallen. Es ist aussichtslos, sich dieser Heiterkeit, die schmerzhaft ist wie ein Kitzel, zu widersetzen. Dann und wann lacht ihr über euch selbst, über eure Albernheiten und Torheiten; und eure Kameraden, falls ihr welche habt, lachen ebenfalls über euren und ihren eigenen Zustand. Doch da sie ohne Bosheit sind, grollt ihr ihnen nicht.

Diese Fröhlichkeit, die abwechselnd matt und peinlich ist, das Unbehagen in der Freude, die Unsicherheit, die Unentschlossenheit dauern in der Regel nur kurze Zeit. Bald werden die gedanklichen Zusammenhänge so unbestimmt, der Faden, der eure

Einfälle verbindet, wird so dünn, daß nur eure Verbündeten euch noch verstehen können. Und doch besteht bei diesen Dingen und von dieser Seite her keine Möglichkeit, das alles zu überprüfen. Vielleicht glauben alle nur, euch zu verstehen, und diese Einbildung beruht auf Gegenseitigkeit. Der Mutwille und das schallende Gelächter, das Explosionen gleicht, erscheinen jedem, der sich nicht im selben Zustand befindet wie ihr, als tatsächliche Verrücktheit oder wenigstens als die Narrheiten eines Wahnsinnigen. Ebenso belustigen euch die Besonnenheit und der gesunde Menschenverstand, die Regelmäßigkeit der Gedanken beim vorsichtigen Zeugen, der nicht berauscht ist, und sie erheitern euch wie eine besondere Art von Wahnwitz. Die Rollen sind vertauscht. Seine Kaltblütigkeit veranlaßt euch zu äußerstem Spott. Ist es nicht eine auf geheimnisvolle Weise komische Situation, wenn ein Mensch sich einer Fröhlichkeit erfreut, die für jeden, der nicht in derselben Lage ist wie er, unverständlich bleibt? Der Verrückte hat Mitleid mit dem Besonnenen, und von da an beginnt sich sein Überlegenheitsgefühl bemerkbar zu machen. Bald wächst es, wird größer und mächtiger und wird wie ein Meteor zerstieben.

Ich war Zeuge einer Szene dieser Art, die sehr weit getrieben wurde und bei der das Groteske nur denen verständlich war, welche wenigstens aus Beobachtungen an andern die Wirkungen der Substanz und den riesigen Unterschied der Ansichten kannten, den sie zwischen zwei gleichgesinnten Geistern hervorrufen kann. Ein berühmter Musiker, welcher die Eigenschaften des Haschischs nicht kannte, ja vielleicht noch gar nie davon sprechen gehört hatte, gerät mitten in eine Gesellschaft, in der mehrere Personen Haschisch genommen haben. Man versucht, ihm die wundervollen Wirkungen zu schildern. Zu all diesen erstaunlichen Darlegungen lächelt er nur anmutig, aus Gefälligkeit, als Mann, der sich ein paar Minuten lang *ein Ansehen geben will.* Seine Geringschätzung wird von den Geistern, die das Gift geschärft hat, rasch erraten, und das Gelächter verletzt ihn. Die Freudenausbrüche, die Wortspiele, die entstellten Gesichter, die ganze ungesunde Atmosphäre irritieren ihn und treiben ihn – vielleicht früher als er es gewollt hätte – dazu, zu erklären, *dieser Angriff auf einen Künstler sei schlecht, und übrigens müsse er für diejenigen, die ihn unternommen hätten, ermüdend sein.* Die Komik erheiterte alle Geister blitzartig. Das Vergnügen verdoppelte sich. «Dieser *Angriff* kann für euch gut sein», sagt er. «Für mich aber nicht.» – «Es genügt, wenn er für uns gut ist», entgegnet einer der Süchtigen egoistisch. Da der Musiker nicht weiß, ob er es mit richtigen Verrückten zu tun hat oder mit Leuten, welche Verrücktheit vortäuschen, glaubt er, es sei das Klügste, sich zurückzuziehen. Allein – jemand schließt die Tür ab und versteckt den Schlüssel. Ein anderer kniet vor dem Musiker nieder, bittet ihn im Namen der Gesellschaft um Vergebung und erklärt feierlich, aber unter Tränen, trotz seiner geistigen Unterlegenheit, die vielleicht ein wenig Mitleid errege, seien doch alle für ihn von tiefen Gefühlen der Freundschaft durchdrungen. Er läßt sich dazu herbei zu bleiben und ist sogar, auf anhaltendes Bitten hin, bereit, ein wenig zu musizieren. Doch die Geigentöne, die sich in der Wohnung wie eine neue ansteckende Krankheit ausbreiten, *ergreifen* (das Wort ist nicht zu stark) hier einen Süchtigen und dort einen andern. Es kommt zu rauhen und tiefen Seufzern, zu plötzlichem Schluchzen, zu stillen Tränenströmen. Der erschrockene Musiker hört auf zu spielen, nähert sich demjenigen, dessen Glückseligkeit am auffälligsten ist, und fragt ihn, ob er sehr leide und was man tun solle, um ihm Erleichterung zu verschaffen. Einer der Anwesenden, *ein praktischer Mensch,* schlägt Zitronenwasser und etwas Saures vor. Aber der Süchtige schaut die beiden, die Augen voller Ekstase, mit unsäglicher Verachtung an. Einen Menschen heilen zu wollen, der an zu viel Leben, an zu viel Freude erkrankt ist!

Wie man aus dieser Anekdote ersieht, nimmt das Wohlwollen in den vom Haschisch hervorgerufenen Empfindungen viel Platz ein. Es ist ein weiches, träges, stummes Wohlwollen, und es stammt aus der Rührung, welche die Nerven ergreift. Zur Unterstützung dieser Beobachtung hat mir jemand ein Abenteuer erzählt, das ihm in berauschtem Zustand passiert war. Und da er sich sehr genau an jene

Empfindungen erinnerte, begriff ich vollkommen, in welch groteske, unentwirrbare Verlegenheit ihn der Unterschied der Ansichten und des Niveaus, von dem ich eben sprach, geschleudert hatte. Ich erinnere mich nicht, ob es die erste oder die zweite Erfahrung des in Frage stehenden Menschen war. Hatte er eine zu starke Dosis genommen? Oder hatte das Haschisch ohne Mithilfe irgendeiner offensichtlichen Ursache (was oft geschieht) viel kräftigere Wirkungen hervorgerufen? Er erzählte mir, aus seinem Behagen heraus, diesem höchsten Genuß, sich voller Leben und voller Genie zu fühlen, sei er mit einem Mal einem Gegenstand des Grauens begegnet. Zunächst von der Schönheit seiner Empfindungen geblendet, sei er ganz plötzlich darüber erschrocken. Er habe sich gefragt, was aus seiner Intelligenz und seinen Organen würde, wenn dieser Zustand, den er für einen übernatürlichen hielt, sich immer mehr erschöpfe, wenn seine Nerven immer dünner würden. Infolge der Fähigkeit, alles zu vergrößern, die das geistige Auge des Süchtigen besitzt, mußte diese Angst eine unaussprechliche Qual sein. «Ich war», sagte er, «wie ein Pferd, das in vollem Lauf einem Abgrund zurast, in diesem Lauf innehalten möchte, es aber nicht kann. Tatsächlich war es ein erschrekkender Galopp, und mein Gedanke, dieser Sklave der Verhältnisse, des Milieus, des Ereignisses und alles dessen, was in dem Wort *Zufall* enthalten sein kann, hatte eine absolut rhapsodische Wendung genommen. ‹Es ist zu spät!› wiederholte ich unaufhörlich voller Verzweiflung. Als diese Empfindungen aufhörten, die mir unendlich lang zu dauern schienen und die vielleicht nur einige Minuten währten; als ich glaubte, endlich in der Glückseligkeit versinken zu dürfen, welche den Orientalen so teuer ist und auf diese rasende Phase folgt, wurde ich von einem neuen *Unheil* niedergeschmettert. Eine neue, sehr triviale und sehr kindische Unruhe nahm von mir Besitz. Ich erinnerte mich mit einem Mal, daß ich ja zum Diner, zu einer Soirée wichtiger Männer eingeladen war. Ich sah mich im voraus mitten in einer Menge weiser und besonnener Menschen eingekeilt, wo jeder Herr seiner selbst war – verpflichtet, im Glanz zahlreicher Lampen den Zustand meines Geistes zu verbergen. Ich glaubte wirklich, es müsse mir gelingen. Doch andererseits spürte ich, wie ich beinah ohnmächtig wurde beim Gedanken an die Willensanstrengungen, die ich entfalten mußte. Infolge eines unbestimmten Zufalls tauchten die Worte aus dem Evangelium in meiner Erinnerung auf: ‹Wehe dem, durch den das Ärgernis kommt!› Und während ich sie vergessen wollte und mir Mühe gab, sie zu vergessen, wiederholte ich sie unaufhörlich in meinem Geist. Mein Unglück (denn es war ein wirkliches Unglück) nahm riesige Ausmaße an. Ich beschloß trotz meiner Schwäche, meine Energie zusammenzuraffen und einen Apotheker aufzusuchen. Denn ich kannte die Gegenmittel nicht und wollte mich doch freien und offenen Geistes dorthin begeben, wohin meine Pflicht mich rief. Doch auf der Schwelle der Apotheke packte mich mit einem Mal ein Gedanke, der mich einige Augenblicke festhielt und mich überlegen ließ. Ich hatte mich unterwegs in einem Spiegel gesehen, und mein Gesicht hatte mich in Erstaunen versetzt. Diese Blässe, diese eingezogenen Lippen, diese vergrößerten Augen! ‹Ich werde einen braven Mann beunruhigen!› sagte ich mir. ‹Und um welch einer Albernheit willen!› Fügt zu dem allen das Gefühl hinzu, lächerlich zu erscheinen, was ich vermeiden wollte, und zudem die Furcht, es könnten Leute in der Apotheke sein. Doch mein früheres Wohlwollen für den unbekannten Apotheker beherrschte alle meine andern Empfindungen. Ich stellte mir den Mann ebenso sensibel vor, wie ich es selbst in jenem unseligen Augenblick war. Und da ich mir auch einbildete, sein Ohr und sein Gemüt müßten wie die meinen beim geringsten Geräusch erschrecken, beschloß ich, auf den Fußspitzen bei ihm einzutreten. ‹Ich kann›, sagte ich mir, ‹einem Mann gegenüber, an dessen Mildtätigkeit ich appellieren will, gar nicht zu viel Diskretion aufwenden.› Und dann versprach ich mir, den Klang meiner Stimme ebenso zu dämpfen wie das Geräusch meiner Schritte. Ihr kennt sie, diese Haschischstimme, nicht wahr? Sie ist ernst, tief, guttural und gleicht sehr derjenigen der alten Opiumesser. Das Resultat war das Gegenteil dessen, was ich erreichen wollte. Dadurch, daß ich entschlossen war, den Apotheker zu beruhigen, erschreckte ich ihn. Er kannte diese *Krankheit* nicht, hatte nie von ihr reden gehört. Indes betrachtete er mich mit einer Neugier, die stark mit Mißtrauen vermengt war. Hielt er mich für verrückt, für einen Missetäter oder einen Bettler? Zweifellos weder für das eine noch für das andere. Aber alle diese absurden Gedanken gingen mir durch den Kopf. Ich war gezwungen, ihm des langen und breiten zu erklären (welch eine Mühsal!), was die Hanfkonfitüre sei und zu welchem Zweck sie diene. Dabei wiederholte ich unaufhörlich, es bestehe keine Gefahr, *für ihn* gebe es absolut keinen Grund, sich zu beunruhigen. Und ich bäte nur um ein Linderungsmittel oder eines zur Wiederherstellung des früheren Zustandes, wobei ich eindringlich den Kummer betonte, den ich empfand, weil ich ihm Verdruß bereitete. Schließlich – ihr müßt die ganze Demütigung begreifen, die für mich in diesen Worten lag – bat er mich kurz und bündig, *die Apotheke zu verlassen*. Das war der Dank für meine übertriebene Gefälligkeit und für mein Wohlwollen! Ich begab mich zu meiner Abendunterhaltung. Ich erregte bei niemandem Anstoß. Niemand erriet die übermenschlichen Anstrengungen, die es mich kostete, so zu wirken wie alle andern. Aber nie werde ich die Qualen einer mehr als poetischen Verzückung vergessen, die von der Schicklichkeit belästigt und von der Pflicht behindert wurde!»

Obwohl ich mich natürlich dazu veranlaßt sah, mit all den Leiden Mitgefühl zu haben, die aus der Einbildungskraft entstanden waren, konnte ich mich doch nicht enthalten, über diese Schilderung zu lachen. Der Mensch, der mir all das erzählte, besserte sich nicht. Er hat weiterhin von der verwünschten Konfitüre die Erregungen verlangt, die man in sich selber finden muß. Aber da er ein vorsichtiger und ordentlicher Mensch, ein *vornehmer Mann*, ist, hat er die Dosen herabgesetzt. Das hat es ihm erlaubt, sie häufiger zu nehmen. Er wird die verfaulten Früchte seiner Hygiene später zu würdigen wissen.

Ich kehre zur regelmäßigen Entwicklung des Rausches zurück. Auf diese erste Phase kindlicher Fröhlichkeit folgt so etwas wie eine momentane Beruhigung. Doch bald künden sich durch ein Kältegefühl in den Gliedmaßen neue Ereignisse an. (Die Kühle kann bei einigen Individuen zu einer sehr intensiven Kälte werden.) Dann folgt eine große Schwäche in allen Gliedern. Ihr habt Hände, die so weich sind wie Butter, und in eurem Kopf, in eurem ganzen Sein fühlt ihr verwirrende Bestürzung und Betroffenheit. Eure Augen werden groß; es ist, als würden sie von unerbittlicher Ekstase nach allen Richtungen auseinandergezogen. Euer Gesicht überzieht sich mit Blässe. Die Lippen stülpen sich mit jener Bewegung der Kurzatmigkeit einwärts, welche den Ehrgeiz eines Menschen charakterisiert, der großen Plänen zum Opfer gefallen ist und von weitreichenden Gedanken bedrängt wird oder der seinen Atem anhält, um einen Anlauf zu nehmen. Die Kehle ist sozusagen zugeschnürt. Der Gaumen ist von Durst ausgetrocknet. Es wäre unendlich angenehm, diesen Durst zu stillen, wenn nicht die Wonnen der Trägheit noch wohltuender wären und sich der kleinsten Lageveränderung des Körpers widersetzten. Rauhe und tiefe Seufzer dringen aus eurer Brust, als ob euer *alter* Körper das Verlangen und die Aktivität eurer *neuen* Seele nicht ertragen könnte. Von Zeit zu Zeit ergreift euch ein Schütteln, das eine unfreiwillige Bewegung auslöst, wie dieses Zusammenzucken, das am Ende eines Arbeitstages oder in einer stürmischen Nacht dem definitiven Schlaf vorausgeht.

Bevor ich fortfahre, will ich, mit Bezug auf jenes Kältegefühl, von dem ich weiter oben sprach, noch eine Anekdote erzählen, welche aufzeigen kann, bis zu welchem Grad die Wirkungen, selbst die rein physischen, bei den einzelnen Individuen verschieden sein können. Diesmal spricht ein Literat zu euch, und an einigen Stellen seines Berichtes kann man, glaube ich, Hinweise auf ein literarisches Temperament finden.

«Ich hatte», sagte er mir, «eine bescheidene Dosis fetten Extrakts zu mir genommen, und alles entwikkelte sich aufs beste. Die Krise krankhafter Fröhlichkeit hatte nur kurze Zeit gedauert, und ich befand mich in einem Zustand von Ermattung und Erstaunen, der fast an Glück grenzte. Ich versprach mir daher einen ruhigen und sorglosen Abend. Unglücklicherweise zwang mich ein Zufall dazu, jemanden ins Theater zu begleiten. Ich spielte meine Rolle recht tapfer und war entschlossen, mein ungeheures Verlangen nach Trägheit und Reglosigkeit zu verbergen. Alle Droschken in meinem Quartier waren besetzt. Ich mußte mich zu einem langen Fußmarsch bequemen und dazu die mißtönenden Geräusche der Wagen und die dummen Gespräche der Vorübergehenden, diesen ganzen Ozean von Trivialitäten, über mich ergehen lassen. Schon hatte sich in meinen Fingerspitzen leichte Kühle bemerkbar gemacht. Bald verwandelte sie sich in lebhafte Kälte. Es war, als hielte ich meine beiden Hände in einen Eimer voll eiskalten Wassers getaucht. Aber es war kein Schmerz dabei. Diese heftige Empfindung durchdrang mich eher wie Wollust. Immerhin war mir, als überflute mich die Kälte mehr und mehr, je länger die endlose Wanderung dauerte. Ich fragte die Person, die ich begleitete, zwei- oder dreimal, ob es tatsächlich so kalt sei. Man antwortete mir, es sei im Gegenteil mehr als lauwarm. Als ich endlich in dem Theatersaal saß, in der Loge eingesperrt, die mir bestimmt war, und zwei, drei oder gar vier Stunden Ruhe vor mir hatte, glaubte ich, ich sei im Lande der Verheißung angekommen. Die Gefühle, die ich unterwegs mit der ganzen spärlichen Energie, über die ich verfügte, zurückgestaut hatte, brachen hervor, und ich überließ mich ungehemmt meiner stummen

Verrücktheit. Die Kälte wurde immer größer. Trotzdem erblickte ich leicht bekleidete Leute, die sich mit müder Miene die Stirn trockneten. Mich packte der erfreuliche Gedanke, ich sei ein privilegierter Mensch, dem allein das Recht zustand, in diesem Theatersaal im Sommer zu frieren. Doch wurde die Kälte schließlich so groß, daß es beängstigend war. Vor allem aber war ich von der Neugier beherrscht, zu erfahren, bis zu welchem Grad die Kälte absinken würde. Schließlich war sie so vollkommen und allgemein verbreitet, daß alle meine Gedanken sozusagen einfroren. Ich war ein Stück denkendes Eis. Ich betrachtete mich als Statue, die aus einem Eisblock gehauen war. Diese verrückte Halluzination gewährte mir ein Gefühl des Stolzes und erregte in mir ein inneres Wohlbehagen, das ich nicht schildern kann. Was aber meinen entsetzlichen Genuß noch steigerte, war die Gewißheit, daß alle Anwesenden nichts von meiner Natur und meiner Überlegenheit über sie alle wußten. Dazu kam das Glück, zu denken, daß mein Gefährte nicht einen einzigen Augenblick lang bemerkt hatte, von welch bizarren Gefühlen ich besessen war! Mir ward die Belohnung für meine Verstellungskünste zuteil, und meine außerordentliche Wollust war ein wirkliches Geheimnis.

Übrigens hatte ich kaum meine Loge betreten, als meine Augen vom Eindruck dichter Finsternis überrascht wurden, die mir irgendwie mit dem Gedanken an die Kälte verwandt schien. Es kann sein, daß diese beiden Ideen sich gegenseitig verstärkten. Ihr wißt, daß Haschisch immer die Pracht des Lichtes, glorreichen Glanz, Kaskaden aus flüssigem Gold heraufbeschwört. Alles Licht ist ihm willkommen: dasjenige, welches in breiten Flächen herabrieselt, und dasjenige, das sich wie Stroh an Spitzen und Unebenheiten haftet, die Armleuchter in den Salons, die Kerzen im Marienmonat, die rosigen Lawinen der Sonnenuntergänge. Anscheinend verbreitete dieser elende Kronleuchter nur recht ungenügendes Licht und genügte meinem unstillbaren Durst nach Helligkeit nicht. Ich glaubte, wie ich es schon sagte, in eine Welt der Finsternis einzutreten, die übrigens immer dichter wurde, während ich von Polarnächten und ewigem Winter träumte. Die Bühne aber (es war eine Komödienbühne) war hell erleuchtet. Sie war unendlich klein und sehr, sehr weit entfernt, wie am Ende eines riesigen Stereoskops. Ich will euch nicht sagen, daß ich den Komödianten zuhörte. Ihr wißt, daß dies unmöglich ist. Von Zeit zu Zeit fing mein Geist im Flug einen Sprachfetzen auf und bediente sich seiner, wie eine geschickte Tänzerin sich eines Sprungbretts bedient, um sich in sehr weit entlegene Träumereien hinüberzuschwingen. Man könnte annehmen, ein auf diese Weise vernommenes Schauspiel entbehre der Logik und des Zusammenhangs. Laßt euch eines Bessern belehren! Ich entdeckte in dem Drama, das aus meiner Zerstreutheit entstand, einen äußerst feinen Sinn. Nichts mißfiel mir darin.

Ich glich ein wenig jenem Dichter, der *Esther* zum erstenmal aufgeführt sah und es ganz natürlich fand, daß Haman der Königin eine Liebeserklärung machte. Es war, man errät es, der Augenblick, da dieser sich Esther zu Füßen wirft, um von ihr die Verzeihung für seine Verbrechen zu erflehen. Wenn alle Dramen auf diese Weise angehört würden, gewännen sie große Schönheiten, sogar die von Racine.
Die Schauspieler erschienen mir außergewöhnlich klein und von genauen und sorgfältig nachgezogenen Umrißlinien umgeben, wie Figuren Meissoniers. Ich sah nicht nur die geringsten Einzelheiten ihrer Kleidung, die Stoffdessins, Nähte, Knöpfe usw., sondern sogar die Trennungslinie zwischen der Perücke und der Stirn, das Weiß, Blau und Rot und alle die Schminkmittel. Und diese Liliputaner waren von kalter und magischer Helligkeit umkleidet. Es war, wie wenn eine sehr klare Glasscheibe ein Ölgemälde aufhellt. Als ich endlich aus dieser Höhle eisiger Finsternis hinaustreten konnte, als die innere Phantasmagorie sich verflüchtigte und ich mir selber wiedergegeben war, empfand ich größere Müdigkeit, als sie mir angespannte und anstrengende Arbeit je verursacht hatte.»

Gerade in dieser Periode des Rausches tut sich ein neuer Scharfsinn, eine äußerste Wachheit aller Sinne kund. Der Geruchssinn, der Gesichtssinn, der Gehörsinn und der Tastsinn beteiligen sich gleichermaßen an dieser Steigerung. Die Augen spähen nach dem Unendlichen aus. Das Ohr nimmt, mitten im vielseitigsten Getümmel, beinah unhörbare Töne wahr. Hier beginnen die Halluzinationen. Die äußern Gegenstände nehmen langsam und nacheinander ein eigentümliches Aussehen an. Dann folgen die Zweideutigkeiten, die Mißverständnisse und die Umstellungen der Ideen. Die Töne bekleiden sich mit Farben, und die Farben enthalten Musik. Man wird mir entgegnen, das sei etwas ganz Natürliches und jedes poetische Gehirn ersinne auch in gesundem und normalem Zustand solche Übereinstimmungen leicht. Aber ich habe den Leser schon darauf aufmerksam gemacht, daß im Haschischrausch nichts tatsächlich Übernatürliches vorkommt. Allein – die Übereinstimmungen sind ungewöhnlich lebhaft. Sie durchdringen, überfallen und überwältigen den Geist mit ihrem eigenmächtigen Wesen. Die Musiknoten werden zu Zahlen, und wenn ihr mathematisch begabt seid, verwandelt sich die Melodie, die vernommene Harmonie – ihren wollüstigen und sinnlichen Charakter durchaus bewahrend – in eine umfassende arithmetische Rechenaufgabe, in der die Zahlen wiederum Zahlen hervorbringen, deren Wandlung und Entstehung ihr mit unerklärlicher Leichtigkeit und einer Gewandtheit verfolgt, die derjenigen eines vortragenden Künstlers gleicht.

Manchmal geschieht es, daß die Persönlichkeit entschwindet und daß die Objektivität, die pantheistischen Dichtern eigen ist, sich in euch so regelwidrig entfaltet, daß die Betrachtung der äußern Gegenstände euch eure eigene Existenz vergessen läßt und daß ihr euch alsbald mit ihnen verwechselt. Euer Auge richtet sich auf einen vom Wind harmonisch hin und her gebogenen Baum. In einigen Sekunden wird das, was im Hirn eines Dichters nur ein ganz natürlicher Vergleich wäre, in eurem Geist zu einer Tatsache. Zunächst leiht ihr dem Baum eure Leidenschaften, euer Verlangen und eure Melancholie. Ihr macht euch sein Ächzen und sein Sich-hin-und-her-Bewegen zu eigen, und bald seid ihr der Baum. Ebenso *stellt* der Vogel, der im tiefsten Himmelsblau schwebt, zunächst nur das unsterbliche Verlangen *dar,* über allen menschlichen Belangen zu schweben. Aber schon seid ihr der Vogel selbst. Ich stelle mir euch sitzend und rauchend vor. Eure Aufmerksamkeit richtet sich ein wenig zu lange auf die bläulichen Wolken, die aus eurer Pfeife aufsteigen. Da bemächtigt sich eurer der Gedanke einer langsamen, sukzessiven, ewigen Verflüchtigung, und alsbald werdet ihr diese Idee auf eure eigenen Gedanken, euer denkendes Sein anwenden. Durch eine sonderbare Zweideutigkeit, eine Art Übertragung oder geistiges Quiproquo fühlt ihr, wie ihr euch verflüchtigt. Dann werdet ihr eurer Pfeife (in der ihr euch wie Tabak zusammengekauert und versammelt fühlt) die sonderbare Fähigkeit zugestehen, *euch zu rauchen.*

Zum Glück hat diese endlose Einbildung nur eine Minute gedauert, denn ein lichter Augenblick hat es euch erlaubt, mit großer Anstrengung auf die Uhr zu schauen. Doch schon reißt euch eine andere Gedankenströmung mit sich fort. Sie wird euch nochmals eine Minute lang in einem lebhaften Strudel herumwirbeln, und diese weitere Minute wird eine zusätzliche Ewigkeit dauern. Denn die Ausmaße der Zeit und des Seins sind von der Vielfalt und Dichte der Empfindungen und Gedanken vollständig durcheinandergebracht. Man könnte sagen, man lebe in einer einzigen Stunde mehrere Menschenleben. Seid ihr jetzt nicht einem phantastischen Roman vergleichbar, der lebendig und nicht nur geschrieben ist? Zwischen den Organen und den Genüssen sind keine Gleichungen mehr möglich. Und vor allem aus dieser Erkenntnis erwächst der Vorwurf, der auf diese gefährliche Übung, bei der die Freiheit entschwindet, anwendbar ist.

Wenn ich von Halluzinationen spreche, soll man das Wort nicht in seinem engsten Sinn auffassen. Eine sehr wichtige Nuance unterscheidet die reine Halluzination, welche die Ärzte oft zu studieren Gelegenheit haben, von der Halluzination oder besser der geistigen Sinnestäuschung, die vom Haschisch veranlaßt wird. Im ersten Fall tritt die Halluzination plötzlich, vollkommen und verhängnisvoll auf. Außerdem findet sie in der Außenwelt keinen Vorwand und keine Entschuldigung. Der Kranke sieht dort eine Form und hört Töne, wo keine vorhanden sind. Im zweiten Fall aber tritt die Halluzination nach und nach, fast freiwillig auf und wird nur durch die Tätigkeit der Einbildungskraft vollkommen ausgereift. Kurz – sie hat einen Vorwand. Der Ton wird sprechen, wird deutliche Dinge aussagen, aber es ist ein Ton vorhanden. Das trunkene Auge des vom Haschisch erfaßten Menschen sieht sonderbare Formen. Doch diese Formen waren, bevor sie sonderbar und ungeheuerlich wurden, einfach und natürlich. Die Kraft, die wahrhaft sprechende Lebhaftigkeit der Halluzination im Rausch entkräftet diesen ursprünglichen Unterschied durchaus nicht. Jene hat im umgebenden Milieu und in der gegenwärtigen Zeit ihre Wurzeln. Diese ist nirgends verwurzelt.

Damit man diesen Wirrwarr von Einbildungen, dieses Ausreifen des Traums und die poetischen Schöpfungen, zu denen ein vom Haschisch vergiftetes Hirn verdammt ist, besser versteht, will ich noch eine Anekdote erzählen. Diesmal ist es nicht ein müßiger junger Mann, der spricht. Es ist auch kein Literat. Es ist eine Frau, eine reife Frau, neugierigen und regen Geistes, die dem Verlangen nachgab, mit dem Gift Bekanntschaft zu machen, und die nun einer andern Dame ihre hauptsächlichsten Visionen schildert. Ich gebe ihre Ausführungen wörtlich wieder:

«So bizarr und neu auch die Empfindungen waren, die ich in meinem zwölf Stunden dauernden Wahnsinn erlebte (waren es zwölf oder zwanzig? Ich weiß es wahrhaftig nicht) ... ich möchte sie doch nicht noch einmal erleben. Die geistige Erregung ist zu lebhaft. Die Müdigkeit, die daraus entsteht, ist zu groß. Und, um alles zu sagen: Ich sehe in diesen Kindereien etwas Verbrecherisches. Nun denn – ich gab meiner Neugier nach. Übrigens war es eine Tollheit in Gesellschaft, bei alten Freunden, wo ich kein sehr großes Übel darin sehen mußte, ein wenig von meiner Würde einzubüßen. Vor allem muß ich euch sagen, daß dieses verwünschte Haschisch eine ganz perfide Substanz ist. Manchmal glaubt man, vom Rausch befreit zu sein. Aber das ist nur ein trügerisches Zwischenspiel. Es treten Ruhepausen ein, doch dann fängt alles wieder von vorne an. So befand ich mich um zehn Uhr abends in einem jener vorübergehenden Zustände. Ich glaubte, ich sei von der Überfülle an Leben befreit, die mir zwar so viel Genuß bereitet hatte, die aber trotzdem nicht ohne Unruhe und Angst war. Ich begann, wie erschöpft von einer langen Reise, mit Vergnügen zu essen. Denn bis dahin hatte ich mich vorsichtigerweise der Speisen enthalten. Doch ehe ich mich noch vom Tisch erhob, packte mein Wahnsinn mich aufs neue, wie eine Katze ihre Maus packt, und das Gift begann, wieder mit meinem armen Hirn zu spielen. Obwohl mein Haus vom Schloß unserer Freunde nicht sehr weit entfernt liegt und obwohl mir ein Wagen zur Verfügung stand, fühlte ich mich vom Bedürfnis, zu träumen und mich dieser unwiderstehlichen Tollheit hinzugeben, so überwältigt, daß ich das Anerbieten, mich bis zum nächsten Tag dort aufzuhalten, mit

Freuden annahm. Ihr kennt das Schloß. Ihr wißt, daß man den ganzen von den Eigentümern bewohnten Teil instand gesetzt, verputzt und aufs modernste *ausgebaut* hat, daß aber der für gewöhnlich unbewohnte Teil so belassen wurde, wie er war, in seinem alten Stil und mit seinen altertümlichen Verzierungen. Es wurde für mich in diesem Teil des Schlosses ein Schlafzimmer bereitgestellt; man wählte dazu den kleinsten Raum, ein verblichenes und veraltetes Boudoir, das aber deshalb nicht weniger reizend war. Ich muß es euch, so gut ich kann, beschreiben, damit ihr die sonderbare Vision begreift, der ich zum Opfer fiel, eine Vision, die mich eine ganze Nacht lang gefangen hielt, ohne daß ich Zeit gehabt hätte, mir über das Hinschwinden der Stunden Rechenschaft zu geben.

Dieses Boudoir ist sehr klein und schmal. Über dem Kranzgesimse wölbt sich die Decke in die Höhe. Die Wände sind mit schmalen, hohen Spiegeln bedeckt. Diese werden von Holztäfelungen getrennt, die in losem Dekorationsstil mit Landschaften bemalt sind. Auf der Höhe der Kranzleiste sind an den vier Wänden verschiedene allegorische Figuren zu sehen. Die einen sind in ausgeruhter Stellung, die andern laufend oder schwebend dargestellt. Darüber erblickt man prächtig schimmernde Vögel und Blumen. Hinter den Figuren erhebt sich täuschend gemaltes Gitterwerk, das sich in natürlicher Art der Deckenwölbung anpaßt. Die Decke ist vergoldet.

Alle Zwischenräume zwischen den Gitterstäben und den Figuren sind daher mit Gold bedeckt, und in der Mitte wird das Gold nur von dem geometrischen Geflecht des vorgetäuschten Gitterwerks unterbrochen. Ihr seht, das Ganze gleicht ein wenig einem sehr vornehmen *Käfig,* einem wunderschönen Käfig für einen sehr großen Vogel. Ich muß noch hinzufügen, daß die Nacht herrlich und ungemein klar war. Der Mond schien so hell, daß die ganze Verzierung, selbst nachdem ich die Kerze ausgelöscht hatte, noch sichtbar blieb. Sie war – wie ihr euch denken könnt – nicht vom Auge meines Geistes, sondern von der schönen Nacht erhellt, deren Schimmer sich über all die Verzierungen aus Gold, Spiegeln und bunten Farben ausbreitete.

Ich war zunächst sehr erstaunt zu sehen, wie sich vor mir, neben mir und ringsum weite Räume auftaten. Klare Flüsse und grünende Landschaften spiegelten sich in ruhigen Gewässern. Ihr könnt leicht erraten, daß dies die Wirkung der von den Spiegeln reflektierten Täfelungen war. Als ich die Augen hob, sah ich einen Sonnenuntergang, der geschmolzenem, sich abkühlendem Metall glich. Es war das Gold des Deckengewölbes. Das Gitterwerk jedoch flößte mir den Gedanken ein, ich befinde mich in einer Art Käfig oder in einem nach allen Seiten hin offenen Haus und sei von all den Wundern nur durch die Stäbe meines prächtigen Gefängnisses getrennt. Zuerst lachte ich über meinen Irrtum. Allein, je mehr ich hinschaute, um so mehr wuchs die bezaubernde Wirkung, um so mehr Leben, Durchsichtigkeit und eigenmächtige Wirklichkeit gewann sie. Von da an beherrschte der Gedanke des Eingeschlossenseins meinen Geist, jedoch – das muß ich erwähnen – ohne den verschiedenartigen Freuden Abbruch zu tun, die mir aus dem Schauspiel rings um mich zuflossen. Ich dachte, ich wäre für lange Zeit, für Tausende von Jahren vielleicht, in diesem prunkvollen Käfig, inmitten dieser zauberhaften Landschaften, zwischen diesen prachtvollen Horizonten eingeschlossen. Ich träumte von *Dornröschen,* von einer mir auferlegten Sühne – von künftiger Erlösung. Über meinem Kopf flatterten schillernde tropische Vögel, und da mein Ohr den Klang der Schellen am Hals der Pferde vernahm, die in der Ferne auf der Hauptstraße vorüberzogen, vermischten die beiden Sinne ihre Eindrücke zu einem einzigen Gedanken. Ich schrieb den Vögeln den geheimnisvollen Schellenklang zu und glaubte, sie flöteten mit metallener Kehle. Offensichtlich sprachen sie von mir und rühmten meine Gefangenschaft. Herumturnende Affen und drollige Satyrn schienen sich über die daliegende, zur Reglosigkeit verdammte Gefangene lustig zu machen. All die mythologischen Gottheiten aber schauten mich mit reizendem Lächeln an, als wollten sie mich dazu ermutigen, den Zauber geduldig zu ertragen. Und all die Pupillen glitten in die Augenwinkel, um sich an meinen Blick zu heften. Ich schloß daraus: Wenn frühere Fehler, wenn irgendwelche mir unbekannte Sünden diese vorübergehende Bestrafung erheischten, konnte ich doch auf eine höhere Güte zählen, die mir, indem sie mich zur Einsicht verurteilte, tiefere Freuden böte als jene Puppenfreuden, die unsere Jugendzeit ausfüllen. Ihr seht: Auch moralische Betrachtungen fehlten in meinem Traum nicht. Doch muß ich gestehen, daß das Vergnügen, diese Formen und die leuchtenden Farben zu betrachten und mich im Mittelpunkt eines phantastischen Schauspiels zu wissen, oft alle andern Gedanken absorbierte. Dieser Zustand dauerte lange, sehr lange... Dauerte er bis zum Morgen? Ich weiß es nicht. Mit einem Mal sah ich, daß die Morgensonne mein Zimmer erfüllte. Ich empfand lebhafte Verwunderung, und trotz aller Anstrengungen, mich zu erinnern, war es mir unmöglich zu erfahren, ob ich geschlafen oder geduldig eine wundervolle schlaflose Nacht verbracht hatte. Soeben war es noch Nacht gewesen, jetzt war es Tag! Doch hatte ich das alles lange erlebt, oh, sehr lange...! Da der Zeitbegriff oder vielmehr das Zeitmaß aufgehoben war, blieb die ganze Nacht für mich nur an der Vielfalt meiner Gedanken meßbar. Solange sie mir, unter diesem Gesichtspunkt betrachtet, erscheinen mußte, war mir doch, sie habe nur einige Sekunden gedauert oder habe sogar in der Zeit gar keinen Platz eingenommen.

Ich sage euch nichts von meiner Müdigkeit... Sie war unermeßlich groß. Man sagt, die Begeisterung der Dichter und schöpferischen Menschen gleiche dem, was ich empfunden habe, obwohl ich mir immer vorgestellt hatte, Leute, welche damit beschäftigt sind, uns zu erregen, müßten ein sehr ruhiges Temperament besitzen. Wenn aber die poetische Begeisterung jener gleicht, die mir ein Kaffeelöffel voll Konfitüre verschafft hat, dann scheint mir, die Freude, ein Publikum zu haben, werde von den Dichtern sehr teuer erkauft. Nicht ohne ein gewisses Wohlbehagen, eine prosaische Befriedigung, fühlte ich mich endlich wieder *bei mir selber*, geistig *bei mir selber*, das heißt in meinem wirklichen Leben angelangt.»

Das ist nun eine offensichtlich vernünftige Frau. Doch bedienen wir uns ihres Berichtes nur, um ihm einige nützliche Bemerkungen zu entnehmen, welche diese sehr summarische Beschreibung der hauptsächlichsten Empfindungen, die das Haschisch auslöst, ergänzen.

Die Frau hat dieses Nachtmahl als ein ihr in dem Augenblick sehr passendes Vergnügen geschildert, da diese vorübergehende, wenn auch endgültig erscheinende Ruhepause es ihr erlaubte, in das wirkliche Leben zurückzukehren. Tatsächlich gibt es, wie ich schon sagte, trügerische Unterbrechungen und Erholungspausen, und oft verursacht das Haschisch gierigen Hunger und fast immer außergewöhnlich starken Durst. Nur hatte das Nachtmahl, anstatt endgültige Ruhe zu bringen, jenen neuen, heftigen

Anfall, jene schwindelerregende Krise zur Folge, über welche die Dame sich beklagte. Dieser Krise folgten eine Reihe von zauberhaften, leicht von Grauen getönten Visionen, in die sie sich bejahend und bereitwillig gefügt hatte. Der tyrannische Hunger und Durst, von denen die Rede ist, können nicht ohne Mühsal gestillt werden. Denn der Mensch fühlt sich so hoch über all die materiellen Dinge erhaben oder ist, besser gesagt, so sehr von seinem Rausch überwältigt, daß es ihn viel Mut kostet, eine Flasche oder eine Gabel von der Stelle zu rücken.

Die endgültige Krise, die von der Verdauung der Nahrungsmittel verursacht wird, ist in der Tat sehr heftig. Es ist unmöglich, dagegen anzugehen. Ein solcher Zustand wäre unerträglich, wenn er allzu lange dauern und nicht alsbald einer andern Phase des Rauschs Platz machen würde, die sich, im vorher erwähnten Fall, durch herrliche, etwas einschüchternde und gleichzeitig tröstliche Visionen äußerte. Diesen neuen Zustand nennen die Orientalen *kief*. Er besteht nicht mehr in etwas Taumelndem und Stürmischem. Es ist eine ruhige und reglose Glückseligkeit, eine glorreiche Gelassenheit. Seit langem seid ihr nicht mehr Herr über euch selbst, aber nun bekümmert es euch nicht mehr. Schmerz und Zeitbegriff sind verschwunden, oder wenn sie es manchmal noch wagen, sich bemerkbar zu machen, dann geschieht es nur verklärt durch die herrschende Empfindung. Dann sind sie, verglichen mit ihrer ge-

wohnten Form, das, was die dichterische Melancholie für den positiven Schmerz ist.
Vor allem aber müssen wir festhalten, daß in dem Bericht der Frau – zu diesem Zweck habe ich ihn wiedergegeben – die Halluzination von unechter Art ist und ihren Daseinsgrund aus der äußern Umgebung bezieht. Der Geist ist nur ein Spiegel, in dem sich das ihn umgebende Milieu in übertriebener Art reflektiert. Dann sehen wir das auftreten, was ich gern die moralische Halluzination nennen möchte: Das Subjekt glaubt, einer Sühne unterworfen zu sein. Allein, das weibliche Temperament, das sich zur Analyse schlecht eignet, hat es ihr nicht erlaubt, den einzigartigen, optimistischen Charakter der genannten Halluzination zu bemerken. Der wohlwollende Blick der Gottheiten im Olymp ist durch einen wesentlich vom *Haschisch* bedingten Firnis poetisiert. Ich möchte nicht behaupten, diese Dame habe sich Gewissensbissen ausgeliefert gefühlt. Aber ihre Gedanken, die sich vorübergehend der Melancholie und der Reue näherten, wurden rasch von Hoffnung übertüncht. Dies ist eine Bemerkung, die wir bei Gelegenheit noch untersuchen wollen.
Sie hat von der Müdigkeit am folgenden Tag gesprochen. Tatsächlich ist diese Müdigkeit groß. Doch tut sie sich nicht sofort kund, und wenn ihr genötigt seid, sie anzuerkennen, geschieht es nicht ohne Verwunderung. Denn zunächst, wenn ihr konstatiert habt, daß über dem Horizont eures Lebens ein neuer

Tag aufgegangen ist, empfindet ihr erstaunliches Wohlbehagen. Ihr glaubt, eine wundervolle Leichtigkeit des Geistes zu verspüren. Kaum aber seid ihr aufgestanden, verfolgt euch ein Überrest des Rausches und hält euch fest wie eine Schleifkugel eurer früheren Sklaverei. Eure schwachen Beine tragen euch nur mühsam. Jeden Augenblick glaubt ihr, ihr müßt wie ein zerbrechlicher Gegenstand zersplittern. Eine große Mattigkeit (gewisse Leute sagen, sie sei nicht ohne Reiz) bemächtigt sich eures Geistes und breitet sich über eure Fähigkeiten aus wie Nebel über eine Landschaft. Noch einige Stunden lang seid ihr zu jeder Arbeit, jeder Tat und Anstrengung unfähig. Das ist die Strafe für die ruchlose Art, mit der ihr Nervenkräfte vergeudet habt. Ihr habt eure Persönlichkeit in alle vier Winde verstreut, und jetzt – wieviel Mühe kostet es euch jetzt, sie wieder zu sammeln und zu konzentrieren!

## IV. DER GOTT-MENSCH

Es ist Zeit, all diese Taschenspielereien und diese großen Marionetten, die aus dem Dunst kindischer Gehirne entstanden sind, beiseite zu lassen. Haben wir nicht von schwerwiegenderen Dingen zu sprechen: von den Modifikationen der menschlichen Empfindungen und, in einem Wort, von der *Lehre*, die sich aus dem Haschischgenuß ziehen läßt?

Bis jetzt habe ich nur eine abgekürzte Monographie des Haschischrausches geschrieben. Ich habe mich darauf beschränkt, die hauptsächlichsten, besonders die körperlichen Merkmale hervorzuheben. Aber ich glaube, für den geistig orientierten Menschen ist es wichtiger, die Wirkung des Giftes auf den Geist kennenzulernen, das heißt: die Vergrößerungen, Formveränderungen und Übertreibungen seiner gewohnten Empfindungen und sittlichen Wahrnehmungen zu erkennen, die in einer außergewöhnlichen Atmosphäre ein richtiges Refraktionsphänomen darstellen.

Ein Mensch, der sich lange Zeit dem Genuß von Opium oder Haschisch hingegeben hat und dann, geschwächt, wie er durch die Gewöhnung an seine Knechtschaft war, die notwendige Energie aufbrachte und sich befreite, kommt mir vor wie ein entwichener Sträfling. Er flößt mir größere Bewunderung ein als der vorsichtige Mensch, der nie einen Fehltritt beging und immer darauf achtete, der Versuchung auszuweichen. Die Engländer bedienen sich oft, wenn sie von Opiumessern sprechen, gewisser Ausdrücke, die nur Unschuldigen, denen die Scheußlichkeiten dieser Entartung unbekannt sind, übertrieben vorkommen können: *enchained, fettered, enslaved!* Es sind tatsächlich Ketten, neben denen alle andern, die Ketten der Pflicht, die Ketten ungesetzlicher Liebe nur schleierdünne Fäden und Spinngewebe sind! Entsetzliche Ehe des Menschen mit sich selbst! «Ich war ein Sklave des Opiums; es hielt mich in seinen Banden, und alle meine Arbeiten und Pläne hatten die Farbe meiner Träume angenommen», sagt der Gatte der Ligeia. Und an wieviel wundervollen Stellen beschreibt Edgar Poe – dieser unvergleichliche Dichter, dieser nie widerlegte Philosoph, den man im Hinblick auf geheimnisvolle Geisteskrankheiten immer zitieren muß – nicht die düsteren und fesselnden Herrlichkeiten des Opiums. Der Geliebte der lichtvollen Berenice, der Metaphysiker Egöus, spricht von einer Veränderung seiner Fähigkeiten, die ihn dazu zwingt, den einfachsten Phänomenen einen anomalen, widernatürlichen Wert beizumessen: «Unermüdlich und stundenlang überlegen, die Aufmerksamkeit fest auf irgendein kindisches Zitat am Rande oder im Text eines Buches gerichtet, den größten Teil eines Sommertages, schräg auf dem Teppich oder auf dem Fußboden ausgestreckt liegend, in einen wunderlichen Schatten vertieft verharren, mich eine ganze Nacht lang dabei vergessen, die aufrecht züngelnde Flamme einer Lampe oder die Gluten im Herd zu überwachen, ganze Tage lang über dem Duft einer Blume verträumen, in monotoner Art irgendein gewöhnliches Wort wiederholen, bis der Klang infolge der Wiederholung aufhört, dem Geist irgendeine Idee zu vermitteln: das waren einige der üblichsten und am wenigsten verderblichen Verirrungen meiner geistigen Fähigkeiten, Verirrungen, die zweifellos nicht unbedingt ohne Vorbilder sind, die aber sicherlich zu jeder Erklärung und jeder Analyse herausfordern.» Und der nervöse Auguste Bedloe, der jeden Morgen vor seinem Spaziergang seine Dosis Opium hinunterschluckt, gesteht uns, daß der hauptsächlichste Vorteil, den er aus dieser täglichen Vergiftung zieht, darin besteht, für alles, selbst für das Trivialste, übertriebenes Interesse an den Tag zu legen: «Mittlerweile hatte das Opium seine gewohnte Wirkung gezeigt. Diese besteht darin, daß die ganze Außenwelt ein intensives Interesse annimmt. In dem Beben eines Blattes, in der Farbe eines Grashalms, in der Form eines Kleeblatts, im Summen einer Biene, im Glanz eines Tautropfens, im Seufzen des Windes, in dem bestimmten Duft, der aus dem Wald herüberdringt, tat sich eine ganze Welt von Eingebungen, eine wundervolle und bunte Folge von ungeordneten und rhapsodischen Gedanken kund.»

So drückt sich, durch den Mund dieser Persönlichkeiten, der Herr des Schauderhaften, der Fürst der Geheimnisse aus. Diese beiden Eigentümlichkeiten des Opiums sind genau auch auf das Haschisch anwendbar. Im einen wie im andern Fall wird die Intelligenz, die vorher frei war, zum Sklaven. Doch das Wort *rhapsodisch,* das so gut eine Folge suggerierter und von der Außenwelt und dem Zufall der Umstände befohlener Gedanken ausdrückt, birgt im Fall des Haschischs eine echtere und schrecklichere Wahrheit. Hier ist die Urteilskraft nur noch ein allen

Strömungen ausgeliefertes herrenloses Ding, und die Gedankenfolge ist *unendlich* beschleunigter und *rhapsodischer.* Das heißt, glaube ich, deutlich genug, daß das Haschisch in seiner gegenwärtigen Wirkung viel ungestümer und ein viel größerer Feind geregelten Lebens, in einem Wort, viel sinnverwirrender ist als das Opium. Ich weiß nicht, ob zehn Jahre Haschischvergiftung einen ebenso großen Schaden anrichten wie zehn Jahre Opiumkonsum. Ich sage: Für heute und morgen birgt das Haschisch verderblichere Ergebnisse. Das eine ist ein friedlicher Verführer, das andere ein liederlicher Dämon.

Ich will in diesem letzten Teil die moralische Verheerung schildern und analysieren, die durch diese gefährliche und köstliche Übung verursacht wird. Es ist eine so große Verheerung, eine so mächtige Gefahr, daß diejenigen, welche nur mit kleinen Schäden aus der Schlacht zurückkehren, mir wie tapfere, aus der Höhle eines vielgestaltigen Protheus Entsprungene vorkommen, wie Menschen, die Orpheus gleichen, der über die Unterwelt siegte. Man kann, wenn man will, diese Art Schilderung für eine übertriebene Metapher halten. Ich aber will bekennen, daß mir die erregenden Gifte nicht nur als eines der schrecklichsten und sichersten Mittel erscheinen, über die der Geist der Finsternis verfügt, um die bedauernswerte Menschheit anzuwerben und zu unterjochen, sondern sogar als eine seiner vollkommensten Einverleibungen.

Diesmal will ich – um meine Aufgabe abzukürzen und meine Analyse klarer zu gestalten –, anstatt verstreute Anekdoten zu sammeln, eine Menge Beobachtungen einer einzigen, erdichteten Persönlichkeit zuschreiben. Ich muß daher eine von mir gewählte Person voraussetzen. In seinen *Confessions* bestätigt de Quincey mit Recht, das Opium errege den Menschen, anstatt ihn einzuschläfern, doch errege es ihn nur auf eine ihm gemäße Weise. Um daher die Wundertaten des Opiums zu beurteilen, wäre es absurd, einem Viehhändler welches zu verabreichen, denn dieser würde nur von Ochsen und Viehweiden träumen. Nun will ich aber nicht die schwerfälligen Phantasien eines haschischtrunkenen Viehzüchters schildern. Wer würde diese schon mit Vergnügen lesen? Wer könnte sich überhaupt damit einverstanden erklären, sie zu lesen? Um mein Thema zu idealisieren, muß ich alle Strahlen auf einen einzigen Bereich konzentrieren; ich muß sie polarisieren. Und der tragische Bereich, in dem ich sie versammeln will, soll, wie ich es schon sagte, eine von mir ausgewählte Person sein, jemand, der dem entspricht, was das 18. Jahrhundert den *empfindsamen Menschen* und was die romantische Schule den *unverstandenen Menschen* nannte, jemand, den die Familien und die bürgerliche Menge gewöhnlich als *Original* brandmarken.

Es soll ein halb nervöses und halb galliges Temperament sein, denn ein solches ist für die Entwicklungen des Rausches am geeignetsten. Wir wollen noch hinzufügen: Es soll ein kultivierter, im Wissen um Formen und Farben geübter Geist sein; ein sanftes Herz, das, vom Unglück müde geworden, dennoch zur Verjüngung bereit ist. Wir wollen, wenn ihr damit einverstanden seid, sogar frühere Fehler und das, was bei einer leicht erregbaren Natur daraus entstehen muß, annehmen: wenn nicht eigentliche Gewissensbisse, so doch Bedauern über die entweihte und schlecht ausgefüllte Zeit. Vorliebe für Metaphysik und Kenntnis der verschiedenen philosophischen Hypothesen über das Menschenschicksal sind sicher keine unnützen Ergänzungen, ebenso die Liebe zur Tugend, der abstrakten, standhaften und mystischen Tugend, wie sie in den Büchern, an denen die moderne Jugend ihren Geist bildet, als der höchste Gipfel gepriesen wird, zu dem eine auserwählte Seele emporsteigen kann. Wenn man zu dem allen noch große Sinnenschärfe hinzufügt, die ich als zusätzliche Voraussetzung weggelassen habe, so glaube ich, die allgemeinen, gewöhnlichsten Elemente des modernen empfindsamen Menschen und dessen, was man *die banale Form der Originalität* nennen könnte, vereinigt zu haben. Sehen wir nun, was aus diesem vom Haschisch zur Überspanntheit getriebenen Individuum wird. Wir wollen dieser Prozession der menschlichen Einbildungskraft bis zu ihrem letzten und herrlichsten Ruhealtar, dem Glauben des Individuums an seine eigene Göttlichkeit, folgen.

Wenn ihr zu diesen Seelen gehört, so wird eure angeborene Liebe zu Formen und Farben zunächst in den ersten Entwicklungsstadien eures Rausches unermeßliche Nahrung finden. Die Farben nehmen ungewohnte Kraft an und dringen mit sieghafter Intensität ins Gehirn. Die Malereien an der Decke, seien sie nun zart, mittelmäßig oder gar schlecht, gewinnen erschreckendes Leben. Die plumpsten Tapeten, welche die Wände der Gasthöfe zieren, werden sich wie prächtige Panoramagemälde wölben. Die Nymphen mit ihrem leuchtenden Fleisch schauen euch mit großen Augen an, die tiefer und klarer sind als der Himmel und das Wasser. Die Persönlichkeiten des Altertums, mit priesterlichen oder kriegerischen Gewändern bekleidet, tauschen durch einfache Blicke feierliche und vertrauliche Mitteilungen mit euch aus. Die Krümmung der Linien ist eine endgültig klare Sprache, aus der ihr die Unruhe und das Verlangen der Seelen lest. Mittlerweile entwikkelt sich dieser geheimnisvolle und vorübergehende Geisteszustand, in dem die Tiefe des Lebens, voll von vielfachen Problemen, sich völlig in dem Schauspiel offenbart, das man vor Augen hat, so natürlich und trivial es sei – wo der erste beste Gegenstand zu einem sprechenden Symbol wird. Fourier und Swedenborg haben sich – der eine durch seine *Analogien,* der andere durch seine *Korrespondenzen* – in das Pflanzliche und Animalische verwandelt, das vor euren Augen auftaucht, und anstatt euch mit der Stimme zu belehren, bringen sie euch ihre Lehren durch Formen und Farben bei. Der Geist der Allegorie nimmt in euch Dimensionen an, die euch selbst unbekannt sind. Wir weisen nebenbei darauf hin, daß die Allegorie, diese so *spirituelle* Art, die ungeschickte Künstler uns verachten lehrten, die aber in Wirklichkeit eine der urtümlichsten und natürlichsten Formen der Dichtung ist, in dem vom Rausch erleuchteten Geist ihre legitime Herrschaft antritt. Dann breitet sich das Haschisch wie ein magischer Firnis über das ganze Leben aus. Es verschönt es mit Festlichkeit und erhellt seine ganze Tiefe. Ausgezackte Landschaften, fliehende Horizonte, Ansichten von Städten, die weiß sind durch die leichenhafte Fahlheit eines Gewitters oder erhellt von den konzentrierten Gluten der Sonnenuntergänge, Tiefen des Raums, Allegorien der Tiefe der Zeit, der Tanz, die Gebärde oder die Deklamation der Schauspieler, wenn ihr euch in ein Theater versetzt seht, der erstbeste Satz, wenn eure Blicke auf ein Buch fallen, kurz alles, die Gesamtheit der Wesen richtet sich mit neuer, bisher nicht geahnter Glorie vor euch auf. Sogar die Grammatik, die dürre Grammatik, wird zu einer Art geisterbeschwörender Hexerei. Die Worte erleben, mit Fleisch und Bein bekleidet, ihre Auferstehung: das Hauptwort in seiner substantiellen Majestät; das Eigenschaftswort, von einer durchscheinenden Hülle bekleidet, die es bunt macht wie Lasurfarbe; und das Tätigkeitswort, dieser Engel der Bewegung, der den Satz zum

Schwingen bringt. Die Musik – diese andere Sprache, den Müßigen und tiefen Geistern teuer, welche in der Vielfalt der Arbeit Entspannung suchen –, sie spricht von euch selbst und erzählt euch die Dichtung eures Lebens. Sie verleibt sich euch ein, und ihr verschmelzt mit ihr. Sie drückt eure Leidenschaft aus und tut dies nicht auf unbestimmte und verschwommene Art, wie sie es an euren Mußeabenden in der Oper tut, sondern auf umständliche, positive Art, wobei jede rhythmische Bewegung eine Bewegung andeutet, die eurer Seele bekannt ist, und jede Note sich in ein Wort verwandelt und die gesamte Dichtung in euer Hirn eindringt wie ein lebendiges Wörterbuch.

Man muß nicht glauben, alle diese Phänomene würden in wirrem Durcheinander, mit dem grellen Akzent der Wirklichkeit und der Unordnung des äußern Lebens im Geist erzeugt. Das innere Auge verwandelt alles und verleiht jedem Ding die ergänzende Schönheit, die es braucht, um wirklich zu gefallen. In diese wesentlich wollüstige und sinnliche Phase muß man auch die Liebe zu klaren, fließenden oder stehenden Gewässern einbeziehen, die sich im zerebralen Rausch etlicher Künstler so erstaunlich entwickelt. Die Spiegel werden zu einem Vorwand für die Träumerei, die einem geistigen Durst gleicht, der sich dem körperlichen Durst beigesellt, welcher die Kehle austrocknet und von dem ich zuvor gesprochen habe. Die fließenden Gewässer, die Wasser*spiele*, die harmonischen Wasserfälle, die blaue Unendlichkeit des Meeres, sie wogen, singen und schlummern mit unaussprechlichem Zauber. Das Wasser breitet sich aus wie eine richtige Zauberin, und obwohl ich nicht sehr an die wilden Torheiten glaube, die vom Haschisch hervorgerufen werden, möchte ich doch nicht beschwören, daß die Betrachtung eines klaren Strudels für einen in den Raum und in kristallklare Fluten verliebten Geist ganz ungefährlich sei und daß die alte Sage von Undine nicht für einen Schwärmer zu tragischer Wirklichkeit werden könnte.

Ich glaube von dem ungeheuren Anwachsen von Zeit und Raum genug gesprochen zu haben, diesen beiden immer miteinander verknüpften Ideen, denen jedoch der Geist dann ohne Traurigkeit und Furcht die Stirn bietet. Mit einer gewissen melancholischen Wonne blickt er durch die Tiefe der Jahre und taucht kühn in endlose Fernen. Ich vermute, man habe erraten, daß diese abnorme und tyrannische Vergrößerung sich auch auf alle Empfindungen und Ideen anwenden läßt, so zum Beispiel auf das Wohlwollen. Ich habe, glaube ich, ein recht schönes Beispiel davon gegeben. Aber sie bezieht sich auch auf die Idee von der Schönheit und auf die Liebe. Der Gedanke an die Schönheit muß natürlich in einem geistig orientierten Menschen, wie ich ihn mir vorstelle, einen breiten Raum einnehmen. Die Harmonie, das Ebenmaß der Linien, die Ausgewogenheit in den Bewegungen – all das erscheint dem Träumer als Notwendigkeit, als *Schuldigkeit,* nicht nur in bezug auf alle Wesen der Schöpfung, sondern auch in bezug auf ihn, den Träumer selbst, der in dieser Periode der Krise mit einer wunderbaren Fähigkeit begabt ist, den unsterblichen und universellen Rhythmus zu begreifen. Und wenn es unserm Fanatiker an persönlicher Schönheit gebricht, dann glaubt ja nicht, er leide lange Zeit an dem Zugeständnis, zu dem er gezwungen ist, oder er betrachte sich in der von seiner Einbildungskraft improvisierten Welt der Harmonie und Schönheit als Mißklang. Die Sophismen, die das Haschisch erzeugt, sind zahlreich und bewundernswert und tendieren im allgemeinen zum Optimismus. Und einer der hauptsächlichsten, spitzfindigsten Trugschlüsse, ja, der wirksamste, ist derjenige, der den Wunsch in Wirklichkeit verwandelt. Zweifellos verhält es sich in vielen Fällen des gewöhnlichen Lebens ebenso. Hier aber geschieht es mit sehr viel mehr Eifer und Scharfsinn! Übrigens – wie könnte ein Wesen, das begabt ist, die Harmonie zu begreifen, eine Art Priester der Schönheit, in seiner eigenen Theorie eine Ausnahme und eine Unvollkommenheit zulassen? Die sittliche Schönheit und ihre Macht, die Anmut und ihre Verführungen, die Beredsamkeit und ihre Heldentaten – all diese Ideen bieten sich alsbald einer indiskreten Häßlichkeit zunächst als Linderungsmittel dar, dann als Tröster und schließlich als vollkommene Schmeichler vor einem imaginären Szepter.

Was die Liebe betrifft, so habe ich viele, von Gymnasiastenneugier beseelte Menschen gesehen, die sich bei denen zu informieren trachteten, die den Gebrauch von Haschisch gewohnt waren. Was mag der Liebesrausch, der schon in seinem natürlichen Zustand so mächtig ist, erst sein, wenn er von dem andern Rausch umschlossen ist wie eine Sonne von einer zweiten Sonne? So lautet die Frage, die sich in einer Menge von Leuten bemerkbar macht, welche ich die Zaungäste der geistigen Welt nennen möchte. Um auf eine unschickliche, stillschweigende Voraussetzung zu antworten, verweise ich den Leser bei diesem Teil der Frage, der sich der Wiedergabe entzieht, auf Plinius, der irgendwo von den Eigentümlichkeiten des Hanfs gesprochen hat. Er tat dies in einer Art, die in bezug auf unser spezielles Thema viele Illusionen zerstört. Man weiß übrigens, daß Schlaffheit das gewöhnliche Ergebnis des Mißbrauchs ist, den die Männer mit ihren Nerven und mit Substanzen treiben, die dazu geeignet sind, sie zu erregen. Nun, da es sich hier nicht um Gemütskräfte, sondern um Emotionen und Empfindlichkeiten handelt, will ich den Leser einfach bitten, zu beachten, daß die Einbildungskraft eines nervösen, vom Haschischrausch befallenen Mannes zu ungeheurer Stärke gesteigert ist, die ebensowenig festgesetzt werden kann wie die größtmögliche Kraft des Windes bei einem Sturm, und daß seine Sinne bis zu einem Punkt verfeinert sind, der fast ebenso schwer zu bestimmen ist. Es ist daher erlaubt zu glauben, eine leichte Liebkosung, die unschuldigste von allen, ein Händedruck zum Beispiel, könne einen durch den aktuellen Zustand der Seele und der Sinne verhundertfachten Wert erlangen und könne vielleicht, und zwar sehr rasch, zu jenem Schwinden der Sinne führen, das von gewöhnlichen Sterblichen als *Gipfel* des Glücks betrachtet wird. Daß aber das Haschisch in einer Einbildungskraft, die oft von Dingen der Liebe in Anspruch genommen wird, zarte Erinnerungen weckt, denen selbst Schmerz und Unglück neuen Glanz verleihen, das ist unzweifelhaft richtig. Und nicht weniger sicher ist, daß sich diesen Gemütsbewegungen eine starke Dosis Sinnlichkeit beimengt.

Übrigens ist es nicht nutzlos zu bemerken, – und dies würde genügen, die diesbezügliche Unsittlichkeit des Haschischs zu konstatieren –, daß eine Sekte von Ismaeliten (aus den Ismaeliten sind die Assassinen hervorgegangen) ihre Anbetungen weit über das unparteiische Lingam hinaus verlegten, das heißt bis zum absoluten und ausschließlichen Kult der weiblichen Hälfte des Symbols. Es wäre – da jeder Mensch ein Repräsentant der Geschichte ist – nur natürlich zu sehen, wie eine obszöne Ketzerei, eine monströse Religion sich in einem Geist kundtut, der sich feige einer höllischen Droge ausgeliefert und für den die Vergeudung seiner Fähigkeiten etwas Verlockendes hat.

Da wir sahen, wie sich im Haschischrausch ein sonderbares Wohlwollen manifestiert, das sich sogar Unbekannten zuwendet, eine Art Philanthropie, die eher aus Mitleid als aus Liebe besteht (hier zeigt sich der erste Keim des satanischen Geistes, der sich auf außergewöhnliche Art entwickeln wird), die aber bis zur Furcht reicht, irgend jemanden zu betrüben, errät man, wie weit sich die Sentimentalität entwickeln kann, die sich lokalisiert, mit einer geliebten Person beschäftigt, welche im sittlichen Leben des Süchtigen eine Rolle spielt oder gespielt hat. Der Kult, die Anbetung, das Flehen, die Glücksträume brechen mit der ehrgeizigen Energie und dem Glanz eines Feuerwerks hervor. Und wie das Pulver und die Feuerfarben blenden sie und vergehen dann in der Finsternis. Es gibt keine Art irgendeiner sentimentalen Verbindung, zu der die schmiegsame Liebe eines Haschischsklaven sich nicht hergeben würde. Die Neigung zur Protektion, ein Gefühl glühender und ergebener Väterlichkeit, kann sich mit strafbarer Sinnlichkeit verbinden, die das Haschisch immer verzeihen und von Schuld freisprechen wird. Es geht sogar noch weiter. Ich nehme an, begangene Fehler hätten in der Seele bittere Spuren zurückgelassen, und ein Gatte oder Liebender könne (in seinem normalen Zustand) eine von Gewittern getrübte Vergangenheit nur mit Traurigkeit betrachten. Doch diese Bitterkeiten können sich in Sanftheit verwandeln. Das Bedürfnis nach Verzeihung macht die

Einbildungskraft geschickter und flehender, und sogar Gewissensbisse können in dieser teuflischen Tragödie, die nur in einem langen Monolog laut wird, aufreizend wirken und die Begeisterung des Herzens mächtig anfeuern. Ja, die Gewissensbisse! Hatte ich Unrecht, als ich sagte, das Haschisch erscheine einem wirklich philosophischen Geist als satanisches Werkzeug? Die Gewissensbisse, diese sonderbaren Bestandteile der Lust, werden bald in der köstlichen Betrachtung dieser selben Gewissensbisse, in einer Art wollüstiger Analyse, ertränkt. Und diese Analyse geht so rasch vor sich, daß der Mensch, dieser natürliche Teufel, um mit den Anhängern Swedenborgs zu sprechen, es nicht bemerkt, wie unfreiwillig sie ist und wie er sich von Sekunde zu Sekunde der diabolischen Vollkommenheit immer mehr nähert. Er *bewundert* seine Gewissensbisse und rühmt sich, während er im Begriff ist, seine Freiheit zu verlieren.

Da ist also mein Gewährsmann, der Geist, den ich ausgewählt habe, bei dem Grad der Freude und Heiterkeit angelangt, wo er *gezwungen* ist, sich selber zu bewundern. Jeder Widerspruch verschwindet, alle philosophischen Probleme sind gelöst oder scheinen es wenigstens zu sein. Alles ist Gegenstand des Genusses. Die Erfülltheit seines gegenwärtigen Lebens flößt ihm maßlosen Hochmut ein. Eine Stimme wird in ihm laut (ach! es ist seine eigene!) und sagt zu ihm: «Du hast nun das Recht, dich als allen Menschen überlegen zu betrachten. Keiner weiß und könnte all das verstehen, was du denkst und empfindest. Sie wären sogar unfähig, das Wohlwollen zu schätzen, das sie dir einflößen. Du bist ein König, den die Vorübergehenden verkennen und der in der Einsamkeit seiner Überzeugung lebt. Aber was liegt dir dran? Besitzest du nicht diese souveräne Verachtung, welche die Seele so gütig macht?»

Immerhin können wir annehmen, daß von Zeit zu Zeit eine ätzende Erinnerung dieses Glück durchzieht und verdirbt. Eine von der Außenwelt veranlaßte Eingebung kann eine unangenehme Vergangenheit wieder heraufbeschwören. Mit wieviel dummen oder feigen Taten, die dieses Gedankenkönigs unwürdig sind und seine ideale Würde beschmutzen, ist die Vergangenheit nicht ausgefüllt? Doch glaubt mir: Der von Haschisch berauschte Mensch wird diesen vorwurfsvollen Phantomen mutig die Stirn bieten und wird sogar seinen scheußlichen Erinnerungen neue Elemente der Lust und des Stolzes entnehmen. Seine Schlußfolgerungen werden sich folgendermaßen entwickeln: Sobald die ersten Schmerzempfindungen vorbei sind, wird er die Tat oder das Gefühl, an die er sich erinnerte und die seine gegenwärtige Verherrlichung störten, sowie die Motive, die ihn damals handeln ließen, und die Verhältnisse, die ihn umgaben, neugierig analysieren. Und wenn er in diesen Verhältnissen nicht genügend Gründe findet, die ihn von seiner Schuld lossprechen oder wenigstens seine Sünde mildern könnten, dann sollt ihr euch nicht vorstellen, er fühle sich besiegt! Ich wohne seinen Schlußfolgerungen wie dem Spiel eines Mechanismus hinter durchsichtigem Glas bei: «Diese lächerliche, feige oder böse Tat, an die ich mich erinnerte und die mich einen Augenblick lang aufgeregt hat, steht in völligem Widerspruch zu meiner wahren, meiner gegenwärtigen Natur, und die Energie, mit der ich sie verdamme, die inquisitorische Sorgfalt, mit der ich sie analysiere und beurteile, beweisen meine hochstehende und göttliche Befähigung zur Tugend. Wie viele Menschen fände man in der Welt, die sich so geschickt beurteilen und sich so streng verdammen?» Doch er verdammt sich nicht nur, er verherrlicht sich auch. Da die gräßliche Erinnerung so von der Betrachtung idealer Tugend, idealer Mildtätigkeit, idealen Genies aufgezehrt ist, gibt er sich treuherzig seiner triumphierenden geistigen Orgie hin. Wir haben gesehen, wie er sich, in ruchloser Art das Sakrament der Buße nachäffend, gleichzeitig als Büßer und Beichtvater eine mühelose Absolution erteilte oder, noch schlimmer, wie ihm seine Verurteilung neue Nahrung für seinen Hochmut bot. Jetzt schließt er von der Betrachtung seiner Träume und seiner Tugendpläne auf seine praktische Befähigung zur Tugend. Die verliebte Tatkraft, mit der er dieses Tugendphantom umschlingt, scheint ihm Beweis genug zu sein für die männliche Energie, die er braucht, um sein Ideal zu verwirklichen. Er verwechselt den Traum völlig mit der Tat. Und da seine Einbildungskraft sich mehr und mehr an dem bezaubernden Schauspiel seiner verbesserten und idealisierten Natur erhitzt und dieses verführerische Bild seiner selbst an die Stelle seines wirklichen, willenlosen und eitlen Individuums setzt, ordnet er schließlich in folgenden klaren und einfachen Worten, die für ihn eine Welt abscheulicher Wonnen enthalten, seine Apotheose an: *«Ich bin der tugendsamste aller Menschen!»*

Erinnert euch das nicht an Jean-Jacques, der es wagte, nachdem er aller Welt nicht ohne eine gewisse Wollust gebeichtet hatte, mit derselben Aufrichtigkeit und derselben Überzeugung (der Unterschied wenigstens ist sehr klein) dasselbe Triumphgeschrei auszustoßen? Die Begeisterung, mit der er die Tugend bewunderte, die nervöse Rührung, die seine Augen angesichts einer schönen Tat oder beim Gedanken an all die schönen Taten, die er hätte vollbringen mögen, mit Tränen füllte, genügten, ihm die absolute Idee seines sittlichen Wertes zu vermitteln. Jean-Jacques hatte sich ohne Haschisch berauscht.

Soll ich die Analyse dieser sieghaften Monomanie noch weiter verfolgen? Soll ich erklären, wie mein Gewährsmann unter der Gewalt des Giftes bald zum Mittelpunkt des Alls wird? Wie er zum lebendigen und übertriebenen Ausdruck des Sprichworts wird, welches besagt, daß die Leidenschaft alles auf sich selbst bezieht? Er glaubt an seine Tugend und an sein

Genie. Errät man nicht, wie das endet? Alle Gegensätze ringsum sind ebenso viele Eingebungen, die in ihm eine Welt von Gedanken anregen, die alle bunter, lebendiger, scharfsinniger als je und von einem magischen Firnis überzogen sind. «Die herrlichen Städte», sagt er sich, «in denen die wundervollen Gebäude wie in Ausstattungsstücken staffelförmig aufgestellt sind – diese schönen, von den Fluten der Reede in sehnsüchtiger Muße geschaukelten Schiffe, die aussehen, als würden sie unsere Gedanken wiedergeben: Wann fahren wir aus, um das Glück zu finden? – diese Museen, die von schönen Formen und erregenden Farben überquellen – diese Bibliotheken, in denen die Werke der Wissenschaft und die Träume der Muse aufgestapelt sind – diese versammelten Instrumente, die mit einer einzigen Stimme sprechen – diese zauberhaften Frauen, die noch reizender sind durch die Ausgeklügeltheit ihres Schmuckes und die Sparsamkeit ihrer Blicke – all diese Dinge wurden *für mich, für mich, für mich* geschaffen! Für mich hat die Menschheit gearbeitet, für mich wurde sie gemartert, geopfert, um meiner unersättlichen Gier nach Gemütsbewegungen, Erkenntnis und Schönheit als Nahrung, als *pabulum* zu dienen!» – Ich überspringe das Folgende und kürze ab. Niemand wird sich darüber wundern, daß aus dem Hirn des Träumers ein erhabener Schlußgedanke entspringt: *«Ich bin zum Gott geworden!»* Daß ein wilder, glühender Schrei mit solcher Gewalt, solcher Macht aus seiner

Brust dringt, daß er, wenn der Wille und die Gläubigkeit eines trunkenen Mannes wirksam wären, die auf den Himmelswegen verstreut wandelnden Engel umwerfen würde: «Ich bin ein Gott!» Doch bald verwandelt sich dieser Orkan des Hochmuts in eine Atmosphäre ruhiger, stummer und ausgeruhter Glückseligkeit, und die Gesamtheit aller Wesen wird bunt und wie von schwefliger Morgenröte angestrahlt. Sollte sich zufällig eine undeutliche Erinnerung in die Seele dieses beklagenswerten Glücklichen einschleichen: Könnte es nicht doch noch einen andern Gott geben? Dann, glaubt mir, würde er sich vor *diesem andern* aufrichten, würde dessen Willen in Frage stellen und ihm ohne Grauen die Stirn bieten. Welcher französische Philosoph hat, die modernen deutschen Doktrinen verspottend, gesagt: «Ich bin ein Gott, der schlecht gespeist hat»? Diese Ironie würde einem vom Haschisch entführten Geist keinen Eindruck machen. Er würde ruhig antworten: «Es ist möglich, daß ich schlecht gespeist habe. Aber ich bin ein Gott.»

## V. MORAL

Am folgenden Tag aber, dem schrecklichen nächsten Tag, sind alle Organe schlaff, müde. Die Nerven sind abgespannt, man hat unsinnige Lust zu weinen. Es ist unmöglich, sich einer zusammenhängenden Arbeit zu widmen. Und all das lehrt einen auf grausame Art, daß man ein verbotenes Spiel gespielt hat. Die häßliche Welt ist entblößt von der Illumination des vergangenen Abends und sieht aus wie melancholische Überreste eines Festes. Besonders der Wille, diese kostbarste Fähigkeit, ist angegriffen. Man sagt – und es ist beinah wahr –, Haschisch verursache keinerlei körperliche Beschwerden, auf alle Fälle keine schwere Krankheit. Allein – kann man behaupten, einem Menschen, der zu jedem Werk unfähig ist und nur zu Träumereien neigt, gehe es, selbst wenn alle seine Gliedmaßen sich in gutem Zustand befinden, wirklich gut? Nun denn – wir kennen die menschliche Natur gut genug, um zu wissen, daß ein Mensch, der sich mit einem Kaffeelöffel voll Konfitüre unverzüglich alle Güter des Himmels und der Erde verschaffen kann, sich niemals auch nur den tausendsten Teil dieser Güter durch Arbeit verschaffen wird. Kann man sich einen Staat vorstellen, in dem alle Bürger sich dem Haschischrausch ergäben? Was für Bürger, was für Krieger, was für Gesetzgeber wären das! Sogar im Orient, wo der Haschischverbrauch so verbreitet ist, gibt es Regierungen, welche die Notwendigkeit der Ächtung begriffen haben. Tatsächlich ist es dem Menschen unter Bestrafung von Entartung und geistigem Tod verboten, die urtümlichen Gegebenheiten seines Daseins und das Gleichgewicht zwischen seinen Fähigkeiten und der Umgebung, in der er sie anwenden muß, zu stören, in einem Wort, sein Geschick zu zerrütten und an seine

Stelle ein neues Verhängnis zu setzen. Erinnern wir uns an Melmoth, dieses bewundernswerte Sinnbild. Sein entsetzliches Leiden hat seinen Grund in dem Mißverhältnis zwischen den wunderbaren Fähigkeiten, die er durch einen Pakt mit dem Teufel plötzlich erworben hat, und der Umgebung, in der er, als Geschöpf Gottes, zu leben verurteilt ist. Denn keiner von denen, die er verführen will, ist damit einverstanden, ihm seine schrecklichen Vorzüge zu denselben Bedingungen abzukaufen. Tatsächlich verkauft jeder Mensch, der die Gegebenheiten des Daseins nicht anerkennt, seine Seele. Es ist leicht, den Zusammenhang zu sehen, der zwischen den von den Dichtern erfundenen Teufeln und den lebendigen Wesen besteht, die sich den Reizmitteln verschrieben haben. Der Mensch wollte ein Gott sein. Doch alsbald ist er kraft eines unkontrollierbaren Sittengesetzes tiefer gefallen, als er es seiner wirklichen Natur gemäß je war. Er ist nun eine Seele, die sich Stück für Stück verkauft.

Balzac dachte zweifellos, für den Menschen gäbe es keine größere Schande und keinen tieferen Schmerz als das Aufgeben des Willens. Ich habe das einmal bei einer Versammlung erlebt, wo die wunderbaren Wirkungen des Haschischs besprochen wurden. Balzac hörte zu und stellte mit belustigender Aufmerksamkeit und Lebhaftigkeit Fragen. Diejenigen, die ihn kannten, werden erraten, daß er sich dafür interessierte. Doch die Idee, wider seinen Willen denken zu müssen, mißfiel ihm sehr. Man bot ihm *dawamesk* an. Er prüfte es, roch daran und gab es, ohne es zu versuchen, zurück. Der Kampf zwischen seiner fast kindlichen Neugier und seinem Widerwillen gegen den Verlust des freien Willens verriet sich auf seinem ausdrucksvollen Gesicht in auffallender Weise. Die Liebe zur Würde trug den Sieg davon. Tatsächlich ist es schwierig, sich den Theoretiker des *Willens,* diesen geistigen Zwillingsbruder des Louis Lambert, vorzustellen, wie er damit einverstanden wäre, auch nur ein Stückchen dieser kostbaren *Substanz* aufzugeben.

Trotz der bewundernswerten Dienste, die uns der Äther und das Chloroform erwiesen haben, scheint es mir, als ließe sich, vom Standpunkt der spiritualistischen Philosophie aus gesehen, dieselbe moralische Brandmarkung auf all die modernen Erfindungen anwenden, welche danach trachten, die menschliche Freiheit und den unerläßlichen Schmerz zu vermindern. Nicht ohne Bewunderung hörte ich einmal den Ausspruch eines Offiziers, der mir die grausame Operation schilderte, die in El-Aghoûat an einem französischen General vorgenommen wurde, an der dieser – trotz des Chloroforms – starb. Der General war ein sehr tapferer, ja sogar mehr als tapferer Mann, einer jener Menschen, auf die man das Wort «ritterlich» anwenden kann. «Nicht Chloroform», sagte der Offizier, «hätte er gebraucht, sondern die Blicke der ganzen Armee und die Regi-

mentsmusik. Dadurch hätte er vielleicht gerettet werden können!» Der Chirurg war nicht dieser Meinung. Aber der Priester hätte zweifellos solche Empfindungen bewundert.
Es ist wirklich überflüssig, nach all diesen Betrachtungen noch ausdrücklich auf den unmoralischen Charakter des Haschischs hinzuweisen. Kein vernünftiger Mensch wird etwas dagegen einzuwenden haben, wenn ich es mit dem Selbstmord, einem langsamen Selbstmord, oder einer immer blutigen, geschliffenen Waffe vergleiche. Kein philosophischer Geist wird mich tadeln, wenn ich es der Zauberei, der Magie gleichstelle, welche auf die Materie einwirken und durch Geheimmittel, deren Unwirksamkeit oder Wirksamkeit nicht erwiesen ist, eine Herrschaft erringen wollen, die dem Menschen untersagt oder doch nur dem erlaubt ist, der ihrer würdig erachtet wird. Wenn die Kirche Magie und Zauberei verdammt, dann deshalb, weil diese gegen die Pläne Gottes streiten, weil sie das Wirken der Zeit ausschalten und die Eigenschaften der Reinheit und Sittlichkeit überflüssig machen wollen; und weil die Kirche nur diejenigen Schätze als legitim und wahr ansieht, die durch gute und beharrliche Absichten erreicht werden. Wir nennen den Spieler, der ein Mittel gefunden hat, unfehlbar zu gewinnen, einen Schurken. Wie sollen wir den Menschen nennen, der sich mit ein wenig Geld Glück und Genie erkaufen will? Es ist die Unfehlbarkeit des Mittels, die die Sitten-

losigkeit begründet, genauso wie die vorausgesetzte Unfehlbarkeit der Magie dieser ihr höllisches Stigma aufprägt. Soll ich hinzufügen, daß Haschisch, wie alle einsamen Freuden, das Individuum für die Menschen und die Gesellschaft für das Individuum überflüssig macht und es dazu treibt, sich unaufhörlich selbst zu bewundern, und es Tag um Tag tiefer in den strahlenden Abgrund stürzt, wo es sein Angesicht als Narziß betrachtet?

Wenn der Mensch wenigstens um den Preis seiner Würde, seiner Ehrbarkeit und Willensfreiheit aus dem Haschisch großen geistigen Gewinn ziehen und aus ihm eine Art Denkmaschine, ein fruchtbares Werkzeug machen könnte! Ob dies möglich sei – diese Frage habe ich oft gehört, und ich will darauf antworten. Zunächst offenbart das Haschisch – wie ich es des langen und breiten schon erläutert habe – dem Menschen nichts als das Individuum selbst. Es ist wohl richtig, daß dieses Individuum sozusagen in eine höhere Potenz versetzt und zum äußersten Ausdruck seiner selbst getrieben wird. Und da es erwiesen ist, daß die Erinnerung an die Eindrücke die Orgie überlebt, scheint die Hoffnung dieser *Utilitaristen* auf den ersten Blick der Vernunft nicht ganz zu entbehren. Doch möchte ich sie bitten zu beachten, daß die Gedanken, aus denen sie so großen Gewinn zu ziehen hoffen, in Wirklichkeit gar nicht so schön sind, wie sie, unter der vorübergehenden Verkleidung und mit magischem Flitterwerk bedeckt, zu sein scheinen. Sie gehören eher der Erde als dem Himmel an und verdanken einen großen Teil ihrer Schönheit der nervösen Erregung, der Gier, mit der der Geist sich auf sie stürzt. Ferner ist diese Hoffnung ein *circulus vitiosus*. Nehmen wir einen Augenblick an, Haschisch verleihe Genie oder steigere es zum mindesten, so vergessen die Haschischkonsumenten, daß es in der Natur der Droge liegt, den Willen zu schwächen, daß sie somit auf der einen Seite das gewährt, was sie auf der andern wegnimmt, das heißt, daß sie Einbildungskraft verleiht, ihr aber die Fähigkeit raubt, davon zu profitieren. Weiterhin muß man, wenn man sich einen recht geschickten und kräftigen Mann vorstellt, der sich dieser Alternative unterzieht, auch noch an eine andere, verhängnisvolle und schreckliche Gefahr denken – diejenige der Gewöhnung. Denn diese verwandelt sich bald in Notwendigkeit. Wer zu einem Gift Zuflucht nimmt, *um zu denken*, wird bald nicht mehr denken können, ohne Gift zu nehmen. Kann man sich das schreckliche Los eines Menschen vorstellen, dessen gelähmte Einbildungskraft nicht mehr ohne die Hilfe von Haschisch oder Opium funktioniert?

Bei philosophischen Studien muß der menschliche Geist, den Lauf der Gestirne nachahmend, einer Bogenlinie folgen, die ihn zu seinem Ausgangspunkt zurückführt. Folgern bedeutet: einen Kreis schließen. Zu Anfang habe ich von dem wunderbaren Zustand gesprochen, in den der Geist des Menschen sich manchmal wie durch eine besondere Gnade versetzt sieht. Ich habe gesagt, indem er unaufhörlich danach trachte, seine Hoffnungen anzuspornen und sich zum Unendlichen zu erheben, beweise er in allen Ländern und zu allen Zeiten eine unglaubliche Vorliebe für alle Substanzen – sogar gefährliche –, die durch die Steigerung seiner Persönlichkeit in seinen Augen vorübergehend ein gelegentliches Paradies, dieses Ziel all seiner Wünsche, heraufbeschwören können. Und endlich, daß dieser verwegene Geist, ohne es zu wissen, bis zur Hölle vorstoße und damit seine ursprüngliche Größe beweise. Aber der Mensch ist nicht so verlassen, so von allen ehrenhaften Mitteln entblößt, wenn er den Himmel erreichen will. Er muß dazu nicht die Kunst des Apothekers und die Zauberei anrufen. Er hat es nicht nötig, seine Seele zu verkaufen, um die erregendsten Liebkosungen und die Freundschaft der Jungfrauen in Mohammeds Paradies bezahlen zu können. Was ist schon ein Paradies, das man sich um den Preis seiner ewigen Seligkeit erkauft? Ich stelle mir einen Mann vor (soll ich sagen, einen Brahmanen, einen Dichter oder einen christlichen Philosophen?), der auf dem steilen Olymp der Geistigkeit steht. Rings um ihn herum tanzen die Musen Raffaels oder Mantegnas ihre edelsten Reigen, um ihn über seine langen Fastenzeiten und seine eifrigen Gebete hinwegzutrösten, und schauen ihn mit ihren sanftesten Blicken und ihrem reizendsten Lächeln an. Und der göttliche Apoll, dieser kundige Meister (derjenige von Francavilla, von Albrecht Dürer, von Goltzius oder irgendeinem andern – denn gibt es nicht für jeden, der ihn sich verdient, einen Apoll?), er liebkost mit seinem Bogen die bebenden Saiten. Unter ihm, zu Füßen des Berges, hält sich in Brombeergestrüpp und Schlamm das Menschengeschlecht, die Horde der Heloten, auf, täuscht die Grimassen des Genusses vor und stößt sein vom Biß des Giftes verursachtes Geheul aus. Und der traurig gewordene Dichter sagt sich: «Diese Unglücklichen haben weder gefastet noch gebetet; sie haben auch die Erlösung durch die Arbeit zurückgewiesen und erbitten von der schwarzen Magie die Mittel, sich mit einem Schlag zu übernatürlichem Dasein zu erheben. Die Magie aber prellt sie und entzündet falsches Licht und falsches Glück für sie, während wir, die Dichter und Philosophen, unsere Seele durch andauernde Arbeit und Kontemplation erneuert haben. Durch eifrige Willensübungen und den immerwährenden Edelmut unserer Bestrebungen haben wir zu unserm Gebrauch einen Garten voll echter Schönheit geschaffen. Dem Wort vertrauend, welches sagt, daß der Glaube Berge versetzt, haben wir das einzige Wunder vollbracht, das Gott zu vollbringen uns erlaubt hat!»

CHARLES BAUDELAIRE (1821–1867) beeinflußte die Literatur der Moderne wie kaum ein anderer; er war ein Vorbild für den französischen Symbolismus, für George und Rilke, Swinburne und Pound. Nicht nur seinem Werk, darunter vor allem den «Fleurs du mal» (1857; zweite, erweiterte Ausgabe 1861) und den dichtungstheoretischen Aufsätzen, sondern auch seinem Leben als Bohemien und Dandy galt das Interesse vieler Literaten des ausgehenden 19. und beginnenden 20. Jahrhunderts. Für sie verkörperte er den Décadent, der sich den erstarrten bürgerlichen Moralvorstellungen radikal widersetzte und ausschließlich ästhetische Werte gelten ließ. Wenige Jahre konnte Baudelaire in Paris das Leben eines reichen Dandys führen. Dann verschuldete er sich so, daß die Familie ihn 1844 unter finanzielle Vormundschaft stellen ließ, was der angehende Schriftsteller als tiefe Demütigung empfand. Er lebte von da an in materieller Not, oft in Elendsquartieren.

Wenn Baudelaire in den «Paradis artificiels» das Haschisch, seine Zusammensetzung und seine Wirkungen, zum Thema wählte, griff er damit eine Zeiterscheinung auf. Nachdem der Arzt J. J. Moreau

1841 das Rauschgift von einer Algerienreise mitgebracht hatte, wurde der Genuß dieser Droge Mode unter den Pariser Bohemiens. Baudelaire schloß sich zwar nie dem «Club des Haschischins» an, dem neben anderen Théophile Gautier angehörte, kannte aber das Rauschgift aus eigener Erfahrung. Er, der als Schriftsteller wie als Bohemien eine unversöhnlich antibürgerliche Position einnahm, kritisierte in den «Paradis artificiels» den Haschischgenuß aus moralischer Perspektive. Indem er die Schwächung des Willens verurteilte, welche die künstlich erzeugten Bewußtseinserweiterungen von der dichterischen Phantasie unterscheide, verfolgte er konsequent einen zentralen Gedanken seiner Auffassung vom künstlerischen Schaffen, an dem er die voluntativen und intellektuellen Momente betonte.
Die «Paradis artificiels» erschienen 1860, zu einer Zeit, als Baudelaire schon lange in miserablen finanziellen Verhältnissen lebte. Für die Buchausgabe, die ihm zumindest ein bescheidenes Honorar einbrachte, griff er auf drei Arbeiten zurück, die bereits in verschiedenen Zeitschriften erschienen waren. 1851 veröffentlichte der «Messager de l'Assemblée» den Essay «Du vin et du hachish comparés comme moyens de multiplication de l'individualité», den Baudelaire für den 1858 in der «Revue Contemporaine» erschienenen Beitrag «De l'idéal artificiel – le haschisch» überarbeitete. Beide Aufsätze, die weitgehende wörtliche Übereinstimmungen aufweisen,

nahm er unter den Überschriften «Du vin et du hachish» und «Le poëme du haschisch» in die «Paradis artificiels» auf. Sie bilden den ersten Teil der Buchausgabe, die als zweiten «Un mangeur d'opium» enthält, die kommentierende und zusammenfassende Übersetzung der «Confessions of an English Opium-Eater» von Thomas de Quincey, die bereits 1860 unter dem Titel «Enchantements et tortures d'un mangeur d'opium» in der «Revue Contemporaine» veröffentlicht wurde. Unsere Ausgabe wählt nur das eigentliche Kernstück der «Künstlichen Paradiese» aus – «Le poëme du hachisch» – und verzichtet auf die Übersetzung der beiden anderen Kapitel, um wörtliche Wiederholungen ebenso zu vermeiden wie eine «Zweitübersetzung» von de Quinceys Essay. Der Text wurde von Hannelise Hinderberger nach der Ausgabe der «Œuvres complètes» in der Bibliothèque de la Pléiade übertragen.

I. P.

Diese Buchausgabe wurde im
Bogenoffset gedruckt und in Fadenheftung gebunden.
Alle verwendeten Materialien entsprechen alterungs-
beständiger Qualität, und die Papiere sind
chlor- und säurefrei.

Die Deutsche Bibliothek – CIP-Einheitsaufnahme

*Baudelaire, Charles:*
Die künstlichen Paradiese: die Dichtung
vom Haschisch / Charles Baudelaire
Aus dem Französischen übertragen
von Hannelise Hinderberger
Zürich : Manesse Verlag, 2000
(Manesse indigo)
Einheitssacht.: Les paradis artificiels <dt.>
ISBN 3-7175-4002-5